幸福婚姻心理学

升级版

陈素娟 —— 著

Marriage is a spiritual practice

华中科技大学出版社
http://www.hustp.com
中国·武汉

图书在版编目(CIP)数据

幸福婚姻心理学：升级版/陈素娟著. —武汉：华中科技大学出版社，2022.5
ISBN 978-7-5680-8091-0

Ⅰ.①幸… Ⅱ.①陈… Ⅲ.①婚姻-社会心理学-通俗读物 Ⅳ.①C913.13-49

中国版本图书馆CIP数据核字（2022）第042111号

幸福婚姻心理学：升级版
Xingfu Hunyin Xinlixue: Shengjiban

陈素娟 著

策划编辑：	娄志敏
责任编辑：	沈　柳
责任校对：	祝　菲
封面设计：	三开三色 QQ：2278149987
责任监印：	朱　玢
出版发行：	华中科技大学出版社（中国·武汉）　　电话：（027）81321913
	武汉市东湖新技术开发区华工科技园　　邮编：430223
印　　刷：	湖北新华印务有限公司
开　　本：	710mm×1000mm　1/16
印　　张：	19
字　　数：	259千字
版　　次：	2022年5月第1版第1次印刷
定　　价：	49.80元

本书若有印装质量问题，请向出版社营销中心调换
全国免费服务热线：400-6679-118　竭诚为您服务
版权所有　侵权必究

前 言

有时候痛苦是一件好事。

说这句话肯定会遭到很多人批驳,他们会说:"你这是站着说话不腰疼,痛苦还是好事?"

有句话是:"痛则思变。"痛苦是上天派来提醒我们的信使:到了该改变的时候了。

恋爱婚姻更会让人痛。

从迈入感情的第一步开始,快乐就是以泪水为调料的。在爱与恨的夹击下,婚姻之路越发步履维艰。可是,所谓的危机,就是"危险+机会",婚姻冲突和危机带给我们的不仅是痛,还有改变的契机。

所以,即将经历婚姻和已经在婚姻中受伤的人,都可以从这本书中找到自己的问题所在,并做出适当的调整。

痛苦,能够让我们更好地看清自己。

有很多来访者问我:"我能不能回到以前,找回过去的自己?"

我说："我们回不到过去，但我们可以通过眼前的痛苦更好地看清自己，有更好的成长，做更好的自己。"

成年之后经历的事情只是一个小石子，它投入我们看似平静的心湖，引起巨大的波澜。然而这不是小石子的问题，是我们内心有很多没有被察觉的伤痛和情绪。所以，一件很小的事情会让我们情绪失控，我们的情绪很大一部分不是基于当下的事件，而是过去的情绪被引爆。

恋爱婚姻更是如此。

人有两次生命。一次是从妈妈的肚子里出来，我们与父母建立亲密关系，开始寻找自我、探索世界的人生旅程。一次是恋爱和婚姻，与所爱的人建立亲密关系。在这个关系里，会重复童年时期父母与我们的关系模式。也就是说恋爱和婚姻其实是在重复童年的模式，要么延续童年的美好，要么弥补童年的痛苦。

很多父母是不完美的，他们的一些不科学的教养方式给孩子造成伤害，或者留下遗憾，导致孩子缺少关爱和安全感。孩子无法改变自己的父母，长大后便在婚恋关系中不断找寻，在爱人身上不断索取。可是，对方不可能完全满足我们全部的心理需求，于是爆发了各种矛盾冲突。或者，我们找一个与父母类似的人，努力让他/她爱上自己，当他/她爱上自己之后，自己就变回一个小孩

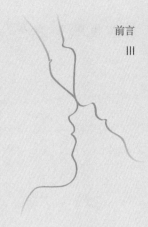

儿,去做童年想做却无法做到的事情,比如撒娇、任性、无理取闹,最终对方无法忍受,选择离开。于是,他/她在心里又一次验证了一个信念:看吧,我不值得被爱,我终会被抛弃的。

因此,婚恋中的痛苦,可以让我们更好地察觉自己,接纳自己的父母,有这样的童年,放下改造愿望,慢慢做一个成熟的大人。

外遇是婚姻痛苦的最大根源之一。无论是外遇者,还是第三者,其实都不会在这段感情中得到自己想要的幸福。外遇者经历了短暂的快乐之后,换来的是夫妻的长期不信任和吵闹,直至耗尽最后一点感情,要么为了孩子勉强维系脆弱的婚姻,要么走向离婚登记处。

但是,不是所有的外遇结局都是悲惨的。如果我们能够从外遇的困境中走出来,重新审视自己、对方和婚姻,抹去婚姻的尘垢,发现配偶在自己心中的重要位置,那么,对我们来说,外遇就是一块试金石,让我们明白自己的真心和需求,更加珍惜眼前的拥有。

我们结婚的对象,不是一个人,他/她身后站着很多人,父母、亲人,甚至多少代的先祖。所以,每个人都带着家庭的痕迹,都有自己的生活习惯、价值观念、思维模式、行为方式。所以,我们嫁/娶了一个人,实际上我们是在与一个家庭、一个家族结婚,与他/她的习惯、价值观等结婚。我们了解并接纳了这个人真实的存在，才能真正地爱上他/她，通过磨合，找到最合适的方式与之相处。

本书打开了一个全新的视角，深层次挖掘婚姻中问题的根源，提供合理应对的方法。只有看清了、了解了，才能防御和应对。告诉你：爱自己，才有能量去爱别人；修炼好自己，才能经营好自己的婚姻。

感恩痛苦，它提醒我们改变，督促我们成长。

情感邮箱：506453636@qq.com。

目 录

第一章　恋爱期的未雨绸缪
——如何寻找婚姻中的另一半

1　你是相信一见钟情的"感觉控"吗？_002
2　远离极端的人，他/她将是你的噩梦 _007
3　网恋，只是一种相遇方式 _013
4　爱情输给了距离——异地恋的是是非非 _017
5　"剩女"该如何找到自己的幸福 _023
6　我的恋人喜欢跟别人搞暧昧 _027

第二章　远离控制，找到真爱

1　你是否在被"假爱"蒙蔽？_032
2　你知道什么是真爱吗？_038
3　你的爱情是否"门当户对"？_048
4　你与恋人是否性格相合？_053
5　你是恐婚族吗？_059

第三章 外遇，谁之殇？

出轨者

1. 男女外遇的差异 _066
2. 什么样的男人易出轨 _068
3. 出轨是在重复父母的婚姻模式 _070
4. 外遇是为了"找妈" _072

受伤者

5. 全职太太的悲哀 _074
6. 受伤后的心理反应 _076
7. 执着于惩罚出轨者能够从中获益 _079
8. 给自己一个期限，让自己"定时哀伤" _081

如何进行婚姻重建

9. 时间治愈伤痛 _083
10. 受伤者采取的策略 _084
11. 出轨者应有的心态 _088

第四章 婚姻期的伤害处理
——如何应对婚姻中的明枪暗箭

1. 对家庭暴力说"不" _092
2. 你能察觉爱人的隐秘攻击吗？ _098
3. 别做容易被抛弃的"好人" _104
4. 伤自己最深的，是自己最亲的人 _110
5. 猜疑——婚姻的巨大杀手 _116
6. 家庭中的战争——吵架不是解决问题的唯一方式 _121
7. 打破中国家庭的轮回——破解婆媳关系难处的密码 _128
8. 我嫁/娶了没有责任感的老公/老婆 _134

第五章　婚姻期的心理分析
——婚姻问题的深层探究

1　"七年之痒"的真相 _140
2　你越界了！夫妻之间要有"界限意识" _147
3　婚姻中的依赖与反依赖 _152
4　对方不是你的"理想父母" _157
5　你的婚姻是否在重复原生家庭的模式？ _162
6　扼杀婚姻幸福的魔咒 _169
7　放下相互攻击的"挡箭牌" _178
8　婚姻中，别把自己弄丢了 _183
9　妨碍婚姻幸福的认知思维 _189
10　健康的婚恋关系是一种疗愈 _195

第六章　婚姻中的小冲突处理
——如何化解婚姻中的矛盾冲突

1　男女之间的差异 _200
2　如何解决夫妻间的差异 _209
3　小冲突引起大灾难——如何化解小冲突 _214
4　"负面"情绪只能被疏导，不能被压抑 _219
5　卸下情绪伪装，真实表达情绪 _229
6　寻找共赢的解决办法 _233

第七章　沟通消除壁垒
——夫妻间良性沟通的奥秘

1　男女沟通差异 _238
2　清楚直接地表达心中的想法 _244
3　不要超越彼此的界限 _250
4　要注意说话的时机 _256
5　用爱人的语言与他/她沟通 _260
6　不要忽视非言语信息的重要性 _264
7　女人怎么向男人表达情绪 _268
8　学会倾听，促进有效沟通 _272

第八章　婚恋心理咨询实录

1　不怕离婚，才可以掌握婚姻主动权 _278
2　独立的女人才能赢得自己的尊严 _280
3　真正伤害我们的，是我们的期待和想象 _282
4　只是"为了孩子"的婚姻值得守护吗？_284
5　不要因为"他对我好"而选择一份感情 _286
6　我的爱人总是喜欢回避问题 _288
7　真正让我们痛苦的，是我们的不甘心 _290
8　藕断丝连是最不值得的爱情 _292

第一章

恋爱期的未雨绸缪

——如何寻找婚姻中的另一半

❶ 你是相信一见钟情的"感觉控"吗?

茫茫人海,多少人与你擦肩而过?多少人与你有一面之缘?多少人与你同窗共事?多少人与你举杯同醉?可为何你还形单影只?原因很可能是:锲而不舍地寻找让自己有感觉的人。

(1)我一定要找到你

小杜是一个时尚有个性的女孩,最近几年,她几乎成了相亲专业户。同事、亲戚、朋友轮番给她介绍对象,下了班、周末、放假,小杜马不停蹄地奔波在各个相亲场所。她跟朋友自嘲说:"我呀,不是在相亲,就是在相亲的路上。"

其实小杜的本身条件很好,研究生毕业,长相清秀、打扮时尚、性格开朗,父母虽然是工薪阶层,但因为父亲是公司的中层领导,薪水不低,家庭条件也不错。按理说这样的条件找个对象不是太简单了吗?可是,27岁的小杜愣是一个都没看上。当然,也有极少数先于小杜说拜拜的。

小杜的妈妈想通过《非诚勿扰》替女儿找对象,被小杜一顿猛批。

父母着急,问她想找什么样的,她说:"我总得找个自己有感觉的吧?没感觉,怎么过日子?"这句话,成了小杜回答父母的标准答案。

小杜找我咨询的时候，我问她："你一直要找的感觉有没有量化的标准？"她说："感觉哪有标准啊！"

咨询了一段时间之后，小杜兴冲冲地给我打电话："我找到了！我找到让我有感觉的人了！我真无法相信，我看到他的第一眼，就觉得是他了。他的外表，他的笑容……总之我觉得他能读懂我，能够走进我的心里。我们坐在一起，哪怕不说话，也能感觉到对方。他发来的每一条信息，打来的每一个电话都让我心潮澎湃……"

（2）我们在寻找熟悉的感觉

我问小杜："你是否感觉对他有似曾相识的感觉？"

"对对对，你怎么知道？"小杜惊讶地说。

"你的潜意识告诉我的。"我说。

弗洛伊德发现，儿童的心理发展过程中普遍存在一种现象，即在三岁左右开始从与母亲的一体关系中分裂开来，把较大一部分情感投向与父亲的关系上。只不过男孩更爱母亲，而排斥和嫉恨父亲；女孩除了爱母亲外，还把爱转向父亲，甚至要与母亲竞争而独占父亲，对母亲的爱又加进了恨的成分。这就是所谓的"俄狄浦斯情结"恋母情结和"埃勒克特拉情结"恋父情结。

女孩接触的第一个异性是自己的父亲，男孩接触的第一个异性是自己的母亲。这个记忆深深刻在潜意识里，长大后女孩喜欢像父亲一样能保护自己的男性，男孩喜欢像母亲一样对自己温柔体贴的女性。所以，这种"似曾相识"的熟悉感觉大多来自于自己的父亲和母亲。

我们的大脑还像是一个刻录机，在成长过程中，理想伴侣的形象会不断地完善。因为很多人给我们留下了很好的印象，让我们有过温暖或感动，或者感觉这个人很"特别"，让我们感觉非常愉悦，于是不知不觉中这个人身上很有吸引力的特点就被我们的大脑记录下来，添补到理想伴侣身上。这些人可能是我们的兄长、老师、同学，或者明星等。

（3）特别有感觉反而不是好事

小杜沉浸在爱的感觉中，她觉得这个男人就是自己的真命天子，没有一处不合自己的心思。他那么帅气阳光，那么成熟稳重，那么体贴温柔，那么有耐心，他能欣赏自己的每一部分。关键他还很浪漫，每周给自己写一封情书，还会给自己制造很多惊喜。小杜贪婪地享受着爱情，这份感觉真是太完美了。

可是没过多久，她便哭着来找我。

原来，让小杜这么有感觉的男人在老家是有家庭的，而且他同时交往的不只小杜一个人。知道了真相后，小杜非常震惊，大闹一顿，把那个男人赶跑了。

小杜感觉自己被欺骗、被利用，几乎要崩溃。她伤心的不是失去他，而是自己最信赖、最期望、最有感觉的爱情幻灭了，这是最令她心痛的。

"他让我爱上他，而且他曾经那么爱我，没想到，他竟然是骗子！"小杜泣不成声。

我轻轻抚着她的肩膀，给她理解和安慰。等她慢慢平复下来之后，我说："是我们把他虚化成完美恋人，我们感受到的爱，来自我们内心，与他无关。"

小杜抬起头，瞪大了眼睛："与他无关？"

"是的，与他无关。他就是他，你遇见他，而他正好符合我们理想伴侣的形象，于是我们就产生了强烈的爱的感觉。他的一个眼神，我们都可以解读成爱，他的一个微笑，我们都会产生触电的感觉。其实，这些感觉来自于我们自己，是我们自己虚构了一个完美的恋人，我们一直在与这个完美恋人谈恋爱，而不是他。我们感受到的，不是他的爱，因为他并没有按照我们想象的方式爱过我们，我们所有的感觉也是我们自己产生的。"

小杜若有所思地点点头。

特别有感觉未必是好事，因为它会蒙蔽我们的心，很容易与虚构的完美恋人谈恋爱。如果现实的他与我们的想象差距很大，我们就会有巨大的失落感，甚至会愤怒地诘问对方：为什么你跟原来不一样？

若我们从虚幻飘忽的半空落到地面，真实面对那个人的时候，如果能真正接受他/她，包容理解他/她，关心照顾他/她，找到共同的兴趣爱好，当初那份感觉会成为细水长流的爱情之河，日日滋润彼此的心。

（4）别让感觉控制你

很多时候我们被自己的感觉控制。因为过去有被伤害或被抛弃的经历，那些痛苦的感受盘踞在我们的潜意识里，成为心理情结，或者叫"受伤的小我"。它敏感地注视着外界的一切动静，当发现身边有一点点变化，比如男/女友一次电话没接，或者回家晚一点等一切它认为都有可能导致伤害的细节，都会让它联想出可能发生的最具危害性的经过和结果，甚至"生动"地描绘出对方如何与别人卿卿我我，"受伤的小我"害怕过去的经历再次重演，于是产生极大的焦虑和痛苦。

焦虑和痛苦导致他们要牢牢地抓住对方，死命地黏在对方身上，这样他/她才能安心一些。万一有一点失控，他们都有可能变得情绪暴躁，歇斯底里。

"感觉控"的人一般比较自卑，他们潜意识里认为自己没有能力改变，没有资格拥有幸福快乐。每天活在过去的伤痛里，活在自我编织的对未来的焦虑恐惧中。感觉，就像一张密不透风的网，遮住了他们生命中的阳光，使他们看不到事实，看不到人生的积极变化。

他们一般采用"以偏概全"的思维方式来看待问题，比如女人被一个男人伤害，她就以为"天下没有一个好男人"；对方因为一次和朋友出去没打招呼，就以为他/她以后都会对自己撒谎。

有一句话：女人是直觉动物。女人的直觉真的很准吗？

女人善于观察，能很快捕捉到她们感兴趣的东西，并且进行推理联想。比如，一个女孩子有几个异性朋友，她对其中一个很有好感，但是没有挑明。本来说好周末出去踏青，结果她心仪的男孩子说："这周我的一个好久没见的同学要过来，我去不成了。"女孩儿心想：难不成去相亲了？等周一见到心仪的男孩儿，看到他新理了头发，更加证实了自己的感觉，于是对那个男孩儿越来越冷淡。

恋爱中，敏感的一方相信了自己感觉出来的东西，与对方沟通的时候明显带着指责和攻击。对方第一反应就是愤怒反击，本来只想澄清事实，结果变成了一场争吵。

其实，一个很简单的办法就能打破自己的感觉：问个明白，不带指责地澄清事实。

事实能击败一些猜想和揣度。当然前提是，我们要相信事实，不过分依赖自己的感觉。

❷ 远离极端的人,他/她将是你的噩梦

(1) 极端狂热的爱是在绑架感情

一个男生因网恋分手在微博上直播自杀过程。"95后"的小伙子在房间里烧炭、吃安眠药自杀,除了一些烧炭照片,还不断发布一些心情:下辈子再见吧,我真的要死了;我真的好爱你,对不起,我马上就要消失了;对不起,永别了。最后晒出的是一张恋爱对象的照片。

不知道这位小伙子是否真的在自杀,但是可以肯定的是,他在利用微博来博得关注和同情,或者想通过表达自己"死了都要爱"的狂热浪漫的爱情,给对方造成压力,赢回恋人的心。

在他这里,自杀成了一场哗众取宠的游戏,既满足了他被关注的需要,同时可以给对方施加压力。晒出恋爱对象的照片,这个举动,更是有一种"我不好过,你也别想好过"的心理。即便他自杀直播是假的,这个女孩子也会受到深深伤害。要么回到他身边,要么颜面大伤,轻易不敢出头露面。

很多人都渴望拥有浪漫爱情,希望自己是生死之恋的主角。但是,极端行为的实施者,明显是通过极端行为来绑架感情,逼迫对方服从他们的意志。

有这样举动的人情绪是极不稳定的,他们的自控力差,思维上容易走极端。在将来的相处中，一旦发生矛盾，对方还会用极端方式来处理，这将给当事人带来无尽的麻烦，甚至危险。

文学大师沈从文绝对是浪漫爱情的缔造者。张兆和是合肥名门望族张家的三小姐，是上海中国公学的校花。公学的老师、来自湘西的乡下小子沈从文每天几十封情书追求张兆和，张兆和不为所动。沈从文软硬兼施，在信中暗示过，如果你不答应，我可能会走绝路。

这段众人瞩目的爱情追逐，本身就是给了张兆和压力。有人听说文学天才要自杀，于是看不下去了，纷纷指责张兆和：你就要毁掉一个天才啦！舆论的压力如此巨大，张兆和不相信自己的感觉了，开始动摇："不管他的热情是真挚的，还是用文字装点的，我总像是我自己做错了一件什么事因而陷他人于不幸中的难过。"她心中的愧疚感顺利地被沈从文点燃，她慢慢放下了抵抗，接受了沈从文。

从此，王子和公主过上幸福美满的生活了吗？

张兆和说："从文同我相处，这一生，究竟是幸福还是不幸？得不到回答。我不理解他，不完全理解他……"

（2）别嫁给"拜类"

叶圣陶说过："九如巷张家的四个才女，谁娶了她们都会幸福一辈子。"因为这段感情从开始就不平等。沈从文在信中写道："莫生我的气，许我在梦里，用嘴吻你的脚，我的自卑处，是觉得如一个奴隶蹲到地下用嘴接近你的脚，也近于十分亵渎了你的。"

现在有种说法：千万别嫁给"拜类"。这个"拜类"，是与自己崇拜的人在一起。沈大师崇拜张兆和，用嘴吻她的脚，但是最终感情抵不过生活摩擦、柴米油盐。

我所提到的"拜类",是用自虐的跪拜方式来挽回感情。

2014年寒冬,东北长春,一名年轻男子在漫天大雪中跪了两个多小时。男子与女友发生感情纠纷,希望跟女友见上一面。

这样的人希望用自虐的方式打动对方,如果他真能如愿,这笔账迟早要算回来的,因为在自虐的跪拜者心中,一定压抑着巨大的愤怒:我吃了这么多苦,都是为了你,我要让你一点点还回来。可想而知,他在婚后会用怎样的方式来发泄这么多愤怒,最极端的方式就是家暴。

还有一种人,恋爱中出现了矛盾,半夜12点以后还不停打电话,他们只是在为自己的情绪找到发泄口,不会真的担心我们是否有充足的睡眠、健康的身体。一句话:他们更爱的人是他们自己!

(3)极端行为是为了达到控制的目的

行动是为了达到目的,但如果一个人不择手段达到自己的目的,不管他自己标榜的出发点多么冠冕堂皇,这个人也是危险的。

感情更是如此。

小敏(化名)是一个强势敏感的女孩儿。大二与男友相恋,自从两个人在一起,小敏天天等男友的电话,总是缠着要他陪,因为一点小事就跟男友争吵,比如打不通电话、QQ在线却没有主动跟自己打招呼、男友说话大声、没有点自己最爱吃的菜等。两个人互不相让,最后吵得不可开交,而且吵架的时候会说很多狠话,但一般吵完第二天会和好。中间也提过分手,但分开不到三天又会复合。

吵闹中毕业了,小敏跟着男朋友来到一个陌生的城市,男朋友给她租了房子,男朋友不忙或不加班的时候就会过来陪她。一开始两人相处还好,后来因为小敏在公司与人相处不好,更加依赖男友,每天打很多电话给他,不管他是否在忙工作，不接电话就不停地打。回到家因为一点小事就发脾气。有一次，因为男朋友比电话里说的晚回来十分钟，小敏寒冬腊月穿着单薄的睡衣光脚跑到大街上。男友追出去，她发疯地推他打他，男友一个不注意一脚踩空把脚扭伤。

为了吵赢男朋友，小敏越来越歇斯底里，打、骂、砸东西、自虐（用刀割伤自己），甚至会跳楼威胁。

男朋友不止一次对小敏说：你现在让我觉得很可怕，不要再这样子了，我对你真的快死心了，再这样下去你会后悔的。

小敏说：我不知道为什么会变成这个样子，变得这么极端，这么犯贱。我这么做只想让他觉得他错了，让他道歉。其实我根本不想这样，我真的非常爱他，离不开他，我只是想要引起他注意罢了。我总是不择手段甚至伤害自己和他来达到目的，事后，我根本不觉得我是赢者，反而觉得自己其实输得一塌糊涂。

一个人的爱越狂热，依赖之心就越重，控制欲就会越强，他们狂热地爱着对方，希望对方按照自己的意愿对待自己，如果有一天对方没有达到他们的要求，他们就会异常愤怒，用极端方式来威胁对方，以此达到自己控制对方的目的。

实际上，这样的人有着强烈的不安全感，他们不爱自己，无法感知到自我的存在，通过别人对自己的关注和爱来证明自己的存在感和价值感。

他们的极端行为是循序渐进发生的，从刚开始的"一哭二闹"，到最后的"三上吊"。最初试探，如果对方妥协，接着就会"得寸进尺"。

当然，也有人平时隐忍，到对方提出分手的时候，用最恶劣的方式逼迫对方：你敢与我分手，我就杀死我自己；或者，你要与我分手，我就杀你全家。于是，很多人就这样被吓住了。他们的目的达到，会暗自窃笑。

最终，你会牢牢地被控制在他们手里，稍有反抗他们就会故伎重演。当你承受不了真要逃离的时候，他们会做出一些更加极端的事，若不成功，他们一定会自残让你愧疚一辈子，或不断骚扰让你一生不得安宁。

他们的极端行为是我们一步步纵容出来的结果。就像几岁的小孩子总是哭闹，原因就是他刚开始想要什么，父母不给，一哭闹，父母慌了，赶紧过来哄：好了好了，宝贝不哭，妈妈答应你不行吗？恋爱中，很多人会退回到孩童状态，或者重复童年的美好，或者修复童年的创伤。

遭遇极端行为逼迫威胁，最好的办法就是坚决不要让他们得逞，比如我们上面提到的那位在冰天雪地跪了几个小时的东北小伙子，他最终未能如愿。有人说那姑娘怎么这么心狠。其实这是过去教育的失误，觉得这样做不够善良。茨威格有一句名言：同情之罪。就是你越同情他/她，他/她就越猖狂，最后变得不可收拾，增大了危险性。如果他/她不断骚扰，可以玩失踪一段时间，不要让他找到，不要让他有任何线索。等过了应激反应期，他很可能就死心了。当然，最好也能得到家人的支持，一家人组成团队，再狂躁的猛兽也会肝颤吧！

（4）我得不到的，别人也别想得到

很多实施极端行为的人都表示：自己因为太爱对方才会这样。

真的是爱吗？是爱自己还是爱对方，还是对失去的恐惧呢？

做出极端行为的人，一定有强烈的占有欲和控制欲，嫉妒心理，很可能是偏执型、冲动型人格障碍。这样的人很容易被激怒，一旦觉得对方不能掌控，或者他们敏感地认为对方侵犯了他们的尊严，突破了他们的底线，就可能爆发出巨大的破坏能量。

很多人说"恋爱的人智商为零"，恋爱中的人，要保持理智，时刻不要忘

记自我保护。

所以,远离极端的人,因为他们有可能会是你的噩梦!

跟极端的人分手,一定要注意:

① 意识到他/她的极端性格,我们不能轻易妥协或针锋相对,找出合适的理由分手。

② 分手时切不可用言语激怒他/她,不要说伤害对方尊严的话,尽量用坚决而温和的态度。

③ 分手的地点最好选择人多的地方,如果带上亲人或者同伴会更好。

④ 当然,不要把"分手"挂在嘴边,这样很可能让他/她累积愤怒,最终酿成惨祸。

❸ 网恋，只是一种相遇方式

微凉的回忆、远方风笛、别说之后、怯梦、几个旅人、陈酒、沙哑情歌、狐狸、温婉妹子、煎熬、无奈人生、如果、细沙、谁怜落叶枯、雪舞……

这些词语中有哪个词更能触动你的心？如果这些词语都是名字，你会根据这些名字想象出一个怎样的人呢？

如果你喜欢流连在网络中，总有一个或几个网名能走进你的心。

人脑真是神奇。看到一个名字，有了初步印象，然后根据对方的文字或言语勾勒出一个符合对方身份的美好形象。于是，一个完美的网恋情人诞生了！

小倩与雪舞就是这样认识的。

（1）小心网恋诈骗

小倩刚参加工作两年，平时下班后喜欢逛论坛。在一个文学论坛上，她认识了一个网名叫"雪舞"的人，他的谈吐文雅幽默，对文学也颇有造诣。他们加了好友，聊了一段时间，也视频见过面，感觉非常不错。后来，他们两个经常通过电话或者微信联系，小倩发现自己越来越依恋雪舞。

几个月后的一天，雪舞突然说家里有急事，让小倩给他打一万块钱。小倩怕有人盗号行骗，给他打了电话，确认是他真有事。她犹豫再三，还是给他打了过去，雪舞承诺两个月之后一定还。之后，他们还一直保持亲密关系。只是，三个多月过去了，雪舞对于借款只字不提。小倩很苦恼，因为不愿意舍弃这份投缘的网恋，所以一直没有提还钱的事。

后面的情节我们大家都可以想象出来了，雪舞一次次以各种理由找小倩借钱，直到小倩难以承受，醒悟过来报警。

网恋诈骗者都会揣摩人的心理，他们极懂得投其所好。你流连在文学论坛，他就伪装成儒雅绅士；你们在游戏里结识，他就是通关高手。要么体贴入微，要么风趣幽默，紧紧抓住你那颗寂寞的心。

其实，网恋诈骗者在现实中并非职业骗子，有的人品口碑可能还不错。有一项研究表明，一个人如果到了不熟悉的环境，他的道德底线会迅速降低。因为没有社会舆论的压力，不用担心别人的道德谴责。网络也是如此，网海茫茫，每个人都带着一副面具，即使是同事朋友，如果没有一点私人照片和文字，哪个会知道你是谁？这些人在生活中很可能衣冠楚楚、谨言慎行，但是在网络世界，去掉最后一块遮羞布，次人格占了主位，也能做出骗财骗色的勾当来。

重要的是，单纯的我们该如何甄别。

我提醒大家要保持两个原则：在人多的场所约会；莫提钱，提钱就防范。

幸运的是，网络开始实名化，法律也越来越健全，专家提供的防骗秘籍也越来越严密。我们除了不要被对方花言巧语蒙骗外，有金钱往来时，一定要保留好证据，这样即使被骗也可以追回损失，弥补一下心灵创伤。

（2）网恋"见光死"的真相

我不能不慨叹人类强大的想象力。

一个人在夜路上行走，看到一点萤火虫的光，就以为是希望的灯塔。一个现实中很缺爱的人，在网络上看到几句暖心的话语，就以为找到了真爱。

网络虚幻大多来自于我们的想象,就如我们上面谈到的"感觉控"一样,虚幻也是我们自己创造的,是我们自己把对方当作了理想恋人,然后通过自己的想象添补、修饰、润色、美化,网络那头的"完美恋人"便栩栩如生活在我们心中了。由于现代美图工具、美颜相机给我们造成了视觉误差,再加上网络那头的"完美恋人"刻意隐瞒,一见面便出现了太多的"见光死"。

刚大学毕业的小凯在网络上邂逅了一段美丽的情缘。他奋不顾身地投入这段感情中,为了等对方一个电话,能熬到凌晨两点;不吃饭不睡觉也要等对方一个回复;对方说去某某地方旅游,他天天关注那里的天气、路况,甚至物价……后来,小凯终于花重金打飞的与网络恋人约会,结果失落而归。对方不仅身高相貌与照片相去甚远,而且满口脏话,举止粗鲁。

人,很容易陷入自己虚构的爱情里,因为它神秘,更对我们产生致命诱惑的是:思念的感觉。

但是,人总要面对现实,当精神之恋转到现实中来,幻象破灭,从几万米的高空跌落的感觉,就是心碎。

当你愿意在网络中投入一份感情的时候,要考虑清楚一个问题:我能否承担网络情感带给我的一切?

(3)网恋只是一种相遇方式

很多人都可以信誓旦旦地说:我这么理智,肯定能进退自如。可是,真的如此吗?心理学有一个"温水煮青蛙"效应,说明在一个安逸的环境中,人容易被周围的环境所迷惑,最终导致消沉、放纵和堕落。与之类似,你与他/她在网络中相遇、相知,然后见面等,你会感觉哪一个步骤都是那么自然而然,水到渠成。有一个咨询网恋婚外情的来访者说:"我真没想发展成这样,怎么一步步就不可收拾了呢?"

存在即合理。我们也不要把网恋当作洪水猛兽，既然网恋存在，我们就把网恋当作一种恋爱前的相遇方式好了。

如果你爱好广泛，很容易与人建立朋友关系，那么网恋不是你选择爱人的有效方式。但如果你社交圈窄，认识异性的机会少，或者工作繁忙，在网上寻找自己的另一半，也是一种交友方式。因为它能节省很多的时间成本。

不过，网恋不能盲目，要先了解对方的基本情况，比如年龄、大致收入、婚姻状况、父母关系、工作状况等。现在微信流行，可以在朋友的朋友圈中寻找，或者在正规的婚恋网站上注册，通过筛选寻找符合自己基本条件的另一半。

如果你和对方想要长期保持网恋关系，这就很危险。有可能你们双方都是幻想型的人，不敢面对现实；也有可能对方有隐私，怕被拆穿。

最好的办法就是尽快让网恋"落地生根"，要把网络当作一种相遇方式，而不是恋爱方式，真正的感情要在现实的相处中发展，在交往中加深了解，增进感情，一步步走入婚姻的殿堂。

4 爱情输给了距离——异地恋的是是非非

（1）最遥远的是心的距离

异地恋，意味着两个人都要承受思念之苦，意味着等待和寂寞，还要拷问内心对对方信任和对爱的执着信仰，同样还要忍受肌肤的饥渴，如果是黏人的小女生还要忍受抓不住对方行踪的恐慌和不安全感。

都说距离产生美。很多人调侃：异地恋是距离有了，美没了。

小赵与女友工作的城市相隔不是很远，异地恋一年之后，渐渐地感觉女友越来越冷淡，平时不怎么搭理他，都是他主动要求视频聊天，还主动关心她。放假空闲了，想过去看她，告诉她的时候，她不会显得很高兴，只说了句："哦，知道了。"小赵很迷茫：是不是这段感情走到了尽头呢？

女友说：本来我以为我们可以承受异地恋，可是，相处一年，他只要一跟我聊天就问，今天跟谁在一起了？几个人啊？让我有被监视的感觉。还有一次，我因为一点小意外去医院做个小手术，手术很短，但是很疼。我当时特别想他能陪着我，可是我给他打电话的时候，他却说：一个小手术，没事。我现在看到朋友们的男友对她们嘘寒问暖我就心痛。我多想我生病的时候有人照顾，我可以把眼泪擦在他身上；饿了有人惦记着买点好吃的，渴了有人能给倒杯热水……

异地恋的关键还不是空间距离，而是心的距离。

（2）异地恋的成本因素

将要经历或者正在经历异地恋的人，需要考虑一下这些成本因素，然后再做出选择。

① 经济成本。

异地恋最受益的两个部门就是电信（联通或移动）和交通。众所周知，两个人异地，煲电话粥的时间要比本地情侣长得多，月底的电话账单自然也就拉长不少。两人不能总不见面吧，为节约路上时间，高铁、飞机再贵也要坐的。加上去了之后得玩几天，吃吃饭、住住宾馆，这个费用恐怕一个月的薪水也不够。如果没有强大经济做后盾，异地恋可是轻易惹不起的。

② 心理成本。

任何人都有心理脆弱的时候，尤其是女孩子，每个月都有那么几天莫名地不开心，就很想找个人听自己说说话，发发牢骚，找个肩膀靠一下。这是最渴望自己恋人在身边的时候。

然而，异地恋不可能随叫随到，偶尔的见面对长久的寂寞来说也是杯水车薪。如果长期的渴望得不到满足，很可能半路杀出程咬金，一个身边的人正好填补了他/她的心理空虚，满足了他/她的心理需求，移情别恋就很容易发生了。

③ 时间成本。

我们做一个实验：假设你最爱吃橘子，但是橘子放在地下室，不允许你拿到家里来。而你身边餐桌上有苹果、香蕉、芒果等水果，请问，你会吃什么水果呢？

如果是我，开始会为了爱吃的橘子跑到地下室去，后来忙了或者懒得跑了，身边有什么就拿什么吃。偶尔有空了，会再去地下室吃橘子。问过其他人，大致也是如此。这就是时间成本。我们在分配时间的时候会自动"遗忘"了远方的他/她，或跟朋友聚会，或加班，或打游戏忘了给对方打电话。我的一位来访者说，她发现异地男友每天不是跟朋友出去喝酒就是玩游戏，即使在线玩QQ游戏也不跟自己打招呼。

异地恋大量消耗着时间成本，导致很多恋人由亲密变疏远，最后平淡分手。

④ 亲情成本。

我们不得不把这个成本考虑进去，因为不管任何恋爱，结果终要走入婚姻。一旦离开自己的家人，遇到一些生活和情感上的困扰，很容易孤单无助，甚至导致心理障碍。

小菲是一个开朗乐观的女孩儿，男友内向木讷，经过一年多的异地恋，两个人修成正果。但是，结婚后小菲就后悔了。从外地嫁过来，小菲本来就委屈，希望老公多关心关心自己，可是因为老公不善言谈，小菲就觉得老公根本不爱自己。有了委屈，怕父母担心，不敢跟父母说，在怀孕之后，小菲得了产前抑郁症。

女孩儿受了委屈，找亲人朋友倾诉一下，男孩子情绪低落了，找朋友喝喝酒，找自己敬重的长辈聊一聊，都可以及时缓解情绪。

异地恋的一方很可能失去社会支持系统而将全部赌注压在情侣一个人身上，会要求对方无限制地对自己好，不然就会有巨大的心理落差。

当然还要考虑自己是否是独生子女，父母的身体或者意愿等，所以，亲情的成本不可小觑。

（3）异地恋的"保鲜"法则

有的人把异地恋比作猛虎，轻易不敢触碰。其实，只要用心维护，异地恋一样可以"保鲜"。

不过，前提是：异地恋的一方一定是值得你用心去爱的人。

① 一定要懂得男女思维差异。

女孩子跟男友在电话中抱怨：今天发生一件事，让我很不高兴。本来我们三个人负责业务，出了点差错，组长只骂我一个人……

男友赶紧帮她分析，出主意：你哪里哪里做得不太好，你应该如何做，组长再说你就怎么怎么样……

女孩不高兴了：你知道该怎么做，你怎么就不能理解我一下，我已经够委屈的了……

实际上，女孩习惯诉说抱怨，男孩习惯解决问题。女孩子抱怨的时候，男孩子就会以为她在向自己求助，用自己的经验提出各种建议。其实，女孩子只是在找一个发泄对象，她在向男友要倾听、求安慰。当她说完，男孩子只要说：哎哟，宝贝受委屈了，买点好吃的安慰自己一下，等我过去让你好好出出气……

如果男友一直在帮着出主意想办法，女孩子先不要生气，站在男女思维差异的角度考虑一下，心平气和之后告诉男友：我只是想让你安慰安慰我。很多女孩子抱怨"我已经跟他说过了"，依据我的经验，说一次不行，因为惯性思维不是一两次就可以改变的，女孩子需要时不时地向他们灌输女性思维，不然，男人是不长记性的哦。

异地恋因为时空距离，更容易产生误解，双方也容易把怨气发酵，所以一定要了解双方的思维差异，避免一些不必要的误会。

② "谁先理谁"的问题。

很多女孩儿纠结谁先发信息、打电话，信息的长短、电话是否敷衍等，并搜集各种细节证明"他已经不爱我了"。

比如，白天女孩子打电话的时候他正在忙，随口说了句"晚上给你电话"，晚上因为其他事情忘掉了。女孩子苦苦等待到很晚，打过去直接哭诉："你说话不算数，你没把我放在心上……"

其实，多数男孩子不拘小节，不如女孩子心细，女孩子特别关注的这些细节，很可能男孩子根本就没当回事。发生上面的事情，我们一方面要理解男人的"健忘"，一方面可以发个信息告诉他你在等他。我有个朋友是这样做的，她发了一个短信："嗨！哥们儿！又把你白天说给我打电话的事忘了吧？还得让我像个闹钟似的提醒你，罚你见面之后给我买十串糖葫芦……"

根据上面两点，有些女孩子可能纠结，为什么是我先理解他，而不是他来理解我？凭什么要我先改变，而不是他改变？这是怕吃亏心理。怕自己付出多了，让对方看不起，从而处于被动位置。其实，最先领悟，最先理解的那个人，是最先得到成长，也是能掌握局面的人！

③ 异地恋如何得到安全感。

人，习惯于对自己不知道的内容进行消极猜想，身在异地，不可能全部掌握对方的行踪，如果对方"失踪"一天半天，缺乏安全感的人有可能把自己"吓死"。而且缺乏安全感的人内心有一个信念：我没有资格留住他/她。所以，即使对方做得再完美，我们也会挑出毛病去证明"他会离开我"。

因此，要想解决安全感问题，自救是唯一的方式。因为安全感不是别人给的，是我们自己给自己的。我们始终相信：我是可爱的，我们的感情是安全的。好好爱自己，让自己变得有自信，有魅力。然后努力经营两个人的感情。当感情越来越深厚，安全感也就越来越强了。

④ 如何得到父母的认同。

很多异地恋的情侣感情一直不错，最后就败在父母不同意这个关卡上。

很多来访者咨询这个问题：父母不同意怎么办？我问：你是什么时候告诉

父母的？他们说：以前一直不敢说，刚刚告诉的，父母死活不同意。是啊，养了二十来年的孩子，一下子就离开自己，而且只是临时通知一下，作为父母来讲，哪个能接受？再说，你的恋人对于你父母来说根本就是陌生人，对对方一无所知，父母怎么放心呢？

我们都知道"温水煮青蛙"的道理。如果你认准了这份感情，那么，就需要提前给父母透露一点点信息，比如，偷偷告诉妈妈：我谈了男/女朋友，他/她如何如何（一定是正面的、能反映对方品质的）。有些女孩子喜欢在情侣间发生矛盾后对家人发泄，说对方怎么怎么不好，在父母面前抹黑恋人，你们的感情胜利的概率能大吗？要让父母知道，自己的孩子找的这个人是优秀的，是爱自己孩子的。

如果父母态度太强硬，就需要从外围去寻找"救兵"了，比如家里说话有分量的人。

⑤ 吵架的问题。

异地恋绝对不能冷战，可以适当吵架。以解决问题为目的的吵架，其实也是沟通的一种方式。不了解的时候吵一吵，慢慢学会有效沟通就可以避免大吵了。还有人担心异地恋久了没有共同话题。其实，不只是异地恋，恋爱久了都可能有这样的问题。培养共同爱好，也可以把各自的朋友圈扩大，谈一谈各自朋友圈的"奇闻轶事"，或者双方定一个时间进行心灵沟通，袒露自己的隐私，说说自己的感悟，都是很好的方式。

最后，再谈一下适合异地恋的人群：内心强大、有安全感、自信、乐观、独立性强、有主见、善于沟通、感情专一、较理性、能耐得住寂寞、能自得其乐的人。

另外，多发现异地恋带来的优势，不但能多陪伴家人，拥有更多的自由空间，还有小别胜新婚的感觉哦。

❺ "剩女"该如何找到自己的幸福

（1）我让自己变成了"剩女"

32岁的小F先后暗恋过两个男生。第一个是上大学时候的同学，没有表白是因为对方已经有女朋友了。小F在暗恋中度过了三年，直到工作后被一个年轻的同事吸引，上一段暗恋才告一段落。不幸的是，又陷入新的暗恋。此次暗恋是因为对对方不了解，怕贸然表白影响同事关系。期间有人给她介绍对象，因为特别排斥相亲，小F怎么也不肯去见面。有人给她介绍了一个高中同学，因为她对同事有好感就直接回绝了。但是后来发现同事并不是自己喜欢的那种人，回头想去找同学，同学已经结婚了。就这样反反复复把自己熬成了剩女。

小F说：我好像一直在错过，一直在后悔。现在别人听到我的年龄都避之不及。

之所以成为"剩女"，每个人都有这样那样的理由，但是，人人心里都清楚，自己的命运自己把握。

（2）等着被男人赏识

大龄女生有一种心理，就是等着好男人自己找上门来。她们不喜欢主动出击,像姜子牙一样,抱着鱼竿等着愿者上钩。她们大多比较宅,过着几点一线的生活。

我想起之前作为婚姻指导师参加过的几次单身聚会。现场有很多时尚的单身女孩儿,要么高冷得双手抱胸站在一边,不主动与人交流,要么就是几个熟悉的女孩子挤在一堆儿说悄悄话,评论某个男生,男生再主动,脸皮再厚,也难抵挡一群"批评家"的"攻击"吧。

大龄女生有一个通病:消极等待,绝不主动出击。看到别人一个个找到另一半,她们就自我安慰。

记住:我们不是千年灵芝,不会有寻宝人踏遍千山万水、历经千难万险来找的。机会总是留给积极主动的人的。

(3)过于挑剔的择偶观

小姚工作好,自身条件也不错,身边不乏一些追求者,但是她觉得每个追求者都太糟糕了。送她鲜花,陪她吃烛光晚餐的,她嫌人家不现实;老实持重的,她嫌弃人家太死板;会说的,她嫌弃人家花心;不会说的,她嫌人家木讷;家里有钱的,怕人家看不起;家里没钱的,又不愿让自己受苦……总之,不管是主动追求她的,还是相亲认识的,她都能挑出对方的毛病。

我们努力寻找的这个理想伴侣,他一定不是神,而是人。而人是不可能具备我们所要求的所有条件的。人都不是完美的,有阳光的地方就一定有阴影,你希望他幽默风趣,那一定要接受他有女人缘;你希望他有事业有成就,就一定要接受他工作忙没空在家陪你吃晚餐、看电视;你希望他有一颗浪漫的心,就不要计较他攒不住钱;你希望他能听话,围着你转,就不要嫌弃他没主见、没魄力……

爱挑剔的女生都是完美主义者,她们内心自卑,不接纳自己的不完美,同时也就不接纳对方的不完美。对方的一个小缺点就会让她们恐慌，担心自己会因此不幸福。她们敏感而强势，一般会在刚刚建立联系的时候选择退出，一方面不愿意让人先拒绝，这样会严重挫伤她们的自尊；一方面是内心不敢建立亲密关系，挑剔只是逃离的一个借口。

一般情况下，爱挑剔的女生还会给自己催眠：好男人都被选走了，我已经很努力了，这不是我的错。

（4）"剩女"或是没"断奶"的"小孩儿"

我去南方旅游，团里同行的有几位城市大妞。这几位都是三十几岁还没有结婚的大龄女孩儿。我一直称呼她们"女孩儿"，是因为她们真的是小孩儿，具体表现是：声音嗲嗲地给父母打电话，不停地用美颜相机自拍，重要的是她们大多数跟父母住在一起，即使不跟父母住在一起，也是由父母供养。其中两位，父母给她们买了宝马和奥迪，她们不想工作了就待在家里，烦了就相约逛街、泡吧。

这些女孩儿无一例外都非常满意现在的生活，谈到找男朋友都不很上心。人有追求快乐、逃避痛苦的本能。这些大龄女孩儿，习惯了父母的照顾，也心安理得地享受着父母提供的一切优越条件，不用辛苦付出就能享受舒适的生活，干吗还要去费心研究怎么与男人相处，还要包容他，忍受他们的坏脾气呢？

这些大龄女生就像是没有断奶的孩子，有足够"甘甜的乳汁"和父母的保护，何必去经历风雨，遭受伤害呢？

这样的状况是父母一手造成的。

独生女家庭的父母很容易担心女儿会受到伤害，从小开始就过度保护，不能与男孩子有过密来往，高中大学不能谈恋爱。有的父母怕女儿耽误学习，整天神经兮兮地监视着女儿是否在搞对象。这些乖乖女一直在父母的保护和监控下长大，到了大学毕业工作了，可以找对象了，可是女儿对恋爱的事情毫无感觉，父母急了，帮忙相亲。父母以为，谈恋爱找对象是不用学的，到了年龄自然就会。

被动等待的态度、过分挑剔的择偶观、过分依赖的生活方式，是造成被剩下的根本原因。要想突破这些阻碍，首先需要改变我们的理念，告诉自己：我是有魅力的，我知道自己想要什么，我可以找到适合自己的另一半。然后积极主动拓展自己的社交圈，最好能走出家门，过独立自主的生活。

❻ 我的恋人喜欢跟别人搞暧昧

遥远的海面上有一岛屿，石崖边居住着唱魔歌的海妖塞壬三姐妹。半人半鸟的塞壬姐妹们坐在一片花丛里，唱着蛊惑人心的歌，甜美的歌声把过往的船只引向该岛，然后撞上礁石船毁人亡。过往的海员和船只都受到迷惑走向毁灭，无一幸免。

英雄奥德修斯遵循女神喀耳斯的忠告，船只还没驶到能听到歌声的地方，奥德修斯就令人把他拴在桅杆上，并吩咐手下用蜡把他们的耳朵塞住。他还告诫他们通过死亡岛时不要理会他的命令和手势。

不久死亡岛就进入了他们的视线。奥德修斯听到了迷人的歌声。歌声如此令人神往，他挣扎着要解除束缚，并向随从叫喊着要他们驶向正在唱歌的海妖姐妹，但没人理他。海员们驾驶船只一直向前，直到最后再也听不到歌声。这时他们才给奥德修斯松绑，取出耳朵中的蜡。

女妖塞壬的歌声极具诱惑，很多人既想欣赏美妙的"歌声"，又不想葬身大海。就像有些人既想品尝爱情的甘甜，又不用负责任，能随时抽身回到自己的安乐窝。于是就有人创造了"暧昧"。

暧昧是男女之间态度含糊、不明朗的关系，是一种很特别的男女朋友关系，存在于友情之间，又超然于友情之上。

（1）伤人的暧昧

如果已经拥有了一份感情，还依然与其他异性保持暧昧关系，暧昧就具有极大的杀伤力了。

大三女生小范与男友感情很好，但是她无意中发现他与另一个女生关系相当暧昧，聊天内容很露骨，经常会出现"想""抱抱""亲一下"等内容，在他们在一起的时候，男友还经常接到短信或电话之后说有事要走。小范追问男友怎么回事，男友说，他和另一个女生只是哥哥妹妹关系，不像她想的那样。小范问，为什么要瞒着她？男友回答，只是怕她误会。

小范很伤心，她不明白，为什么男人这么贪心，拥有了一份爱情，还要更多。

一个女孩子下决心跟男友分手，因为男友带着自己和朋友聚会的时候，总是与两个女孩子开一些过分的玩笑，而且有时还追追打打，有一些肢体接触。虽然男友多次说自己与她们就是普通朋友，如果有什么也不会在她面前这样子，但是她还是觉得受不了。

（2）喜欢玩暧昧的人不成熟

不管男女，都希望能被异性关注，男性的表现欲望比女性更强，潜意识里他们更希望得到异性的赞美和欣赏。有一些人，不知道自己喜欢什么，不知道什么样的异性更适合自己，加上内心不自信，不成熟，总是通过别人对自己的态度证明自己的存在感和价值感。

女生小徐有好几个暧昧对象，其中有一个她明知道对方有女朋友，还是继续与他聊天，偶尔调侃地问对方：是我好还是你女朋友好？或者：你喜欢我吗？然后当对方说出她想要的答案的时候，就嘻嘻哈哈地说"我在开玩笑"。

小徐很享受这种感觉，她觉得，这样的关系，既不远，也不近，来去自由，又不受牵绊，就算自己撒娇耍赖，对方也不会生气，而且还能得到对方的关心和照顾。她甚至觉得即使自己结婚了也会跟人暧昧。

（3）玩暧昧的人缺乏责任感

在恋爱中，最遗憾的不是对方不爱自己了，也不是移情别恋，而是，明明对方在爱着自己，却把感情一分为二，或者一分为几。当被指责的时候，还在辩解：我们只是普通朋友，只是偶尔开开玩笑，暧昧一下，根本不是你想的那样。

暧昧，在这里变成了一种掩饰，一种借口，是在一份感情之外，还可以堂而皇之地拥有多份感情，还信誓旦旦地说：我只爱你一个，我和他们只是玩玩。

对于玩一玩，我们会很较真吗？如果较真，我们便是小心眼，容不下对方有异性朋友，于是便草草原谅了对方。

既然确定了关系，就是一份承诺，应该忠于对方，忠于感情。恋爱中还玩暧昧的人，缺少责任感，他们不懂得为自己负责，不会为感情负责，只是为了满足自己的内心需求。

甚至有些人的潜意识里有更如意的算盘，因为他对自己拥有的感情不太有把握或者不十分满意，就在这份感情之外，寻找一个备胎。当这份感情完结，便可以立刻奔到暧昧对象身边，向他哭诉自己失恋的痛苦。于是在原有的感情基础之上，新的感情建立了。

最没责任感的，便是这些得陇望蜀的人。不只是对自己的恋人，也是对暧昧的对方。他爱的不是你，而是他自己。

（4）有了爱情就别碰暧昧了

女人希望有位蓝颜知己能陪伴守候自己，男人希望有位红颜知己能收藏自己的秘密。但是，如果已经拥有了一份感情，就请收回那颗不安分的心，在恋爱关系中制造一些浪漫和惊喜，延长感情的保鲜期。

如果对方在与别的异性搞暧昧，我们可以真实地告诉他：我很介意你们之间的关系，你可以有异性朋友，但是请保持好你们之间的距离，换位思考，如果换作我，你会是什么感受？如果对方在意你，会及时收心，如果依然我行我素，或者一贯为之，我们就要考虑对方是否是我们真正要找的那个人了。

第二章

远离控制，找到真爱

① 你是否在被"假爱"蒙蔽？

由出生到老去，有一种无形的力量在推动和指引我们成长，这就是——爱的力量。

或者因为在人群里看了一眼就千方百计寻找他/她的讯息，或者是在办公室、朋友圈相处久了暗生情愫，抑或是在相亲的咖啡座聊天聊出了感觉。我们感觉找到了自己的真爱，在心旌荡漾之下握紧对方的手，许下百年的誓约。

亲爱的朋友，你们是否真的理解什么是真爱呢？说到真爱，我们就有必要先排除"假爱"。

如果你在一段感情中遍体鳞伤，那伤害你的不是爱，而是"假爱"。

假爱有以下几种典型心理。

① 我爱你，所以你要听我的。

来访者小岚向我大倒苦水："我老公简直是管家婆，家里大事小情要管，我在公司与什么人交往，我给我父母买什么东西，甚至我穿什么衣服，梳什么发型他都要管……我真快受不了了！可是他高兴的时候会说很多好听的，说多么多么爱我，这么做是为了我好……"

我问她："你们谈恋爱的时候，他也是这样的吗？"

她说："刚谈恋爱时感觉他非常体贴，什么事情都帮我想到，我被他照顾感觉很省心、挺安逸。但是没有想到结婚后他变成这样！"

我说："他没有变，一直是这样的，只是刚开始你以为他这么对你是因为爱。这正是他在玩的心理游戏：我爱你，你就要听我的。因为他确实为你付出了，让你感觉到了温暖，实际上他抛给你一个裹着糖衣的钩子。你上钩了，他就得逞了，然后控制你的一切，让你听他的。当你有反抗，他就又来一套甜言蜜语。"

生命的意义就是能够做自己，为自己做选择。选择不管对错，我们的生命都会因为自主选择而变得多彩，我们自己也会因为不断地选择增加人生经验，变得日趋成熟。当我们不能为自己做主，要听命于别人，不管他给我们的爱多么富丽堂皇，我们也会变成囚禁在金丝笼里的小鸟，失去了自由，生命之火也会越来越暗淡。

爱一个人，是为了让他/她成长，而不是扼杀他/她的生命能量。遭遇这样的爱，我们一定要坚持自己的原则，告诉他：我不会什么都听你的，我要做我自己想做的。

② 嫉妒是因为太爱你。

女生小陈和男生小张是一对情侣，他们两个是大学同学，属于一见钟情，小陈性格开朗，朋友很多，小张性格较内向，朋友较少。刚开始两人相处得非常好，过了几个月，小陈心里开始感觉不舒服了，原因是小张的嫉妒心很强，对小陈有这么多异性朋友很不高兴，甚至要求小陈把手机联系人里所有的男性电话全删掉。小陈刚开始不同意，小张说："我这样做，就是因为太爱你了。我不想让别的男生分享你的时间和感情。"被爱冲昏头脑的小陈竟然答应了。

可想而知，小陈以后的生活会是怎样的了。

嫉妒之心，人皆有之。这是人在生存繁衍中发展出来的一种情绪。少许的嫉妒能够增强自我提升的动力，过多的嫉妒，并把嫉妒转化为行动，就说明嫉妒的人缺乏安全感。在感情关系中，太强的嫉妒心是因为嫉妒的人自卑敏感、占有欲强。他们对伴侣不是爱，而是怕失去一份感情，或者依赖。

还有一种情况是嫉妒者有出轨的欲望，嫉妒心越强，出轨的欲望也越强。因为外在关系模式是内在关系模式的投射，也就是说，我们害怕伴侣出轨，其实是我们内在的小我也有出轨的想法，我们拼命压制自己的想法，表现在外在就是消除他/她一切可能与异性交往的机会。

问题的关键是，人们很难意识到自己有出轨的欲望，不知道自己为什么会嫉妒，错误地理解为嫉妒就是爱，而可悲的是，很多被嫉妒者会相信这一说法。

如果你内心有太强的嫉妒心，请你提醒自己：这是我自己的问题，与情侣没有什么关系。

如果你的情侣嫉妒心太强，也请提醒自己：这不是自己的问题，无论自己怎么做，都不会消除他/她的嫉妒。我也不会因为他/她的嫉妒断绝与外界的联系。

③ 因为太爱你，所以才黏你。

有一位来访者发来一封加急邮件：我和女朋友是同校不同班，她很黏人，用她的话说就是最好每时每刻都在一起。我一开始认为是热恋期，感觉还不错，时间长了，就受不了了。她要是几个小时看不到我就不停打电话，不管我在做什么，必须立刻来到她身边。我要是跟她讲讲道理，她就说：我太爱你了，不能没有你。这爱得也太沉重了，我该怎么办？

有依恋才会有恋爱，而恋爱就是在重复童年的感觉，恋爱中的依恋类型与小时候与父母拥有一个怎样的关系有着非常重要的关系。儿童的依恋方式有以下三种。

a. 安全型依恋方式。父母能对孩子的需要有所回应，在与孩子的互动中能鼓励支持孩子的行为。这样的孩子长大后很容易与人亲近，容易信任别人，不会过分依赖别人，并能长期保持满意的浪漫关系。

b. 回避型依恋方式。父母对孩子冷淡疏远，嫌孩子烦，孩子渴望与父母亲近又不敢。这类孩子长大后不太能够信任他人，与人亲近会觉得不舒服，渴望与人走近又排斥惧怕亲密关系。

c. 焦虑-矛盾型依恋方式。这类孩子的父母通常情绪不稳定而且专横，或者经常吵架。孩子不知道父母会用什么态度对待他，于是内心焦虑，害怕被抛弃。孩子长大后对他人不信任，有较强的占有欲，因为担心亲密关系随时会破裂，所以把对方抓得很紧，有过度黏人的表现。

因此，喜欢黏人的人，内心非常缺乏自信和安全感，他们有着比正常人更高的焦虑水平，他们会因为焦虑而在深夜打电话，而且时刻要掌握情侣的行踪，不然就胡思乱想，他们必须确保自己"拥有"另一半，否则就会苦恼甚至绝望。当然，他们会给自己的方式一个合理化的解释：都是因为我爱你才这么做。实际上，他们爱的不是你，是他们自己。

如果你有黏人的恋人，要提醒自己保持合适的距离，不要被他/她所谓的爱迷惑，明确告诉他/她：我不喜欢你黏人的方式，请你不要把所有注意力都放在我身上。

④ 激情式的爱才是真爱。

一些男生女生努力追求激情式的爱情，期望遇到一个对的人，来一场激情澎湃的恋情。

在"感觉控"一节，我们详细讲述过爱的激情实际上是一种自恋幻觉。这一节我主要介绍一下激情产生的生理机制。

我们的大脑里有一个部位是下丘脑，主管爱情。当我们对对方产生强烈的爱的感觉，下丘脑就会不断地分泌出多种神经递质，比如多巴胺、肾上腺素等。于是我们沉浸在爱的感觉中，甜蜜甚至晕眩。多巴胺带来的兴奋感觉会像吸毒一样上瘾，因为吸毒也会刺激多巴胺的分泌。大量的多巴胺能让人处于一种高度兴奋甚至疯狂的状态，会挡住我们的视线，看不到对方的缺点。

有意思的是，人的身体不可能长期维持这样的状态，一般情况，多巴胺分泌的高峰期能持续几个月到几年不等。了解了这些，我们就不会在激情退去之后说：我已经不爱你了，我们分手吧！

⑤ 爱我就要给我安全感。

我一位年轻的朋友小严跟我聊天，说到安全感，她说自己现在跟男朋友相处很没有安全感，她列举了几件事：对方电话里语气平淡，就觉得他是不是烦自己了；本来计划好周末见面结果对方临时有事约会泡汤，就觉得他是故意的，不想理自己了；对方去出差，没有按照约定每天打几个电话，就感觉对方疏远自己了；睡觉前对方说他困了，打电话时间短了，就想他是不是不想跟我说话了……

小严委屈地说："我觉得他给不了我安全感，这个恋爱谈得太辛苦了。本来妈妈想让我找一个特别靠得住的人，不图他家的钱，可是，他却这样对我！"

安全感是来自一方的表现所带给另一方的感觉，是让人可以放心、可以舒心、可以依靠、可以相信的言谈举止等方面表现带来的。

感情中的安全感是指对方的行为让自己放心，比如，对方一个充满爱意的眼神、一句关心的话、一个温暖的拥抱、一个安慰心灵的电话、一件小小的礼物等。都会让我们感觉对方是与我们在一起的，而且被他/她的爱包围着，心里感觉踏实、对彼此的感情充满信任和美好的期冀。

如果我们一直期望对方的做法让我们有安全感，就等于把自己幸福快乐的权利交到对方手上，并暗示对方：我是否有安全感，你来负责。

实际上，安全感不是对方给我们的，而是我们自己给自己的。对于严重缺乏安全感的人来说，对方无论怎么做都不会让我们有安全感的，他/她会因为对方一点点不如自己意的行为联想到对方嫌弃自己，觉得对方要抛弃自己。如果我们非要用消极思维解读对方的行为，我们内心就会成为一个无底洞，是多少爱也填不满的。我们也永远无法感知到安全，无法感受爱和幸福。

⑥ 爱我就应该知道我想什么。

这是一个天大的谎言。

很多女孩子一直在苦苦寻觅一个能懂自己的人，希望自己的一举手一投足，一个眼神，对方就能心领神会，按照自己的意思去做。其实，有这样想法的人是活在自恋的幻觉里，以为自己是周围世界的中心，别人在时刻关注自己。他们以为，只要你对我足够用心，就会理解我的暗示。而且他们把自己的思维模式套在别人身上，觉得自己是怎么想的，别人也会怎么想。这样的人要么从小生活在父母亲人的溺爱中，自己的一切需求都能被满足；要么内心缺爱，极度渴望别人能关爱自己。

试想一下，当你给对方打电话对方不接的时候，你能猜出对方在做什么吗？你很可能胡思乱想出很多结果，见到他之后发脾气，对方说"你爱我就应该知道我在干什么"，你会是什么反应呢？

所以，除了在恋爱初期可以制造一点小暧昧，玩一点小浪漫。在感情深入之后，一定要记住：你不说，没有人会知道你在想什么。

❷ 你知道什么是真爱吗？

之所以叫真爱，是因为必须以真诚和真实为基础，而不是建立在欺骗、控制、幻想之上。真爱是历经外界风雨依然不变的心，即使面临突如其来的残酷打击，也不会"大难临头各自飞"。

下面我谈谈真爱的几个特点，请与你自己的情感做一下比较，看你想象的和拥有的是否是真爱。

（1）一定要充分了解你所爱的对象

我们容易被自己的感觉蒙蔽了眼睛，我们前面谈到了靠感觉找对象，其实是把理想恋人投射到对方身上，我们爱的是我们虚构的那个人，不是真实的他/她。

了解对方要从外表和内在两方面入手。如果一见钟情，只看外表与我们的理想恋人很像，就想象出一个完美的思想放在这个躯壳之内，那我们的爱还是"假爱"。我们一定要了解对方的优点、缺点、性格、习惯、价值观念、思维和行为方式等。这些在热恋期是看不到的，需要长期、全面的了解。

了解了这个人，我们依然能够接纳他/她，爱他/她，愿意包容他/她，那么，恭喜你，你已经拥有了真爱。

（2）允许对方做自己，愿意帮他/她成长，让他/她快乐

在恋爱关系中有很多这样的情况：男生追求女生，女生撒娇任性、无理取闹，一次次考验对方对自己的忍耐度，证明他是真爱自己的。实际上，这不是真爱，这是依赖，是控制，是缺乏安全感，怕被抛弃。

如果真爱一个人，就是允许对方以自己喜欢的方式存在，不去强求对方为自己做过多改变。比如他不喜欢玩手机，就不要强求他看到自己的信息秒回；她不喜欢吃苹果，就不要告诉她苹果富含维C，你可以给她准备猕猴桃或者柑橘。

如果真爱一个人，就要愿意为他/她做事，支持他/她、鼓励他/她，与他/她一起经历风雨，看到他/她高兴，自己也发自内心地快乐。

这与讨好别人是不同的，喜欢讨好别人的人，内心是不情愿的，而且因为不情愿产生很大的愤怒，但是不敢表达出来，怕别人对自己有不好的评价或者伤害，于是压抑了自己的情绪。

爱一个人，是为了让他/她快乐，而不是给他/她带来痛苦。即使有痛苦，两个人也能一起面对，一起分担，在解决问题的同时得到共同成长。

（3）真爱，要保持合适的距离

真爱对方的人，一定会给他/她独立的空间，不会限制他/她的自由。每个人就好比一个圆，从彼此的相离，到相切，再到相交，从陌生到熟悉，再建立亲密关系。那么，相交多少是最合适的呢？应该是一半左右的空间。相交太少，彼此疏离，两个人会感觉冷淡、疏远；相交太多，贴得太近，双方都会感到窒息，有一方就会想要逃离。

换句话说，真爱就是信任对方，给他/她充分自由空间，而两个人又有共同的兴趣爱好和亲朋圈能彼此交融。

（4）真爱关乎亲情和友情

能遇到心仪的对象，是上天赐予我们的礼物。很多人说：我跟他/她在一起好几年，我们之间慢慢变成了亲人和朋友……这就对了！一切激情都会退去，最后所有感情都会归于平淡。我们不会抛弃亲人和朋友，所以，我们也会守住这份真爱。

研究表明，彼此相处融洽的老夫妻见面的时候，大脑中分泌的安多芬不断升高。安多芬是一种天然的镇痛剂，它可以让我们心里产生温馨、踏实的感觉。

可是，有些人忍受不了生活的平淡，执意要追求波澜起伏的激情。这样的人是永远无法找到相随一生的真爱的。

（5）真爱一定要有很强的承诺

为什么一定要有承诺呢？因为现代生活方式节奏很快，几乎每天都在发生变化，如果没有承诺，两个人的关系很可能难以保持长久。你想结婚了，你的恋人因为这样那样的理由拖着不办，不管是多么强大的理由，都说明他可能对你不满意，或者他/她的心还没有定下来，不知道该选择哪一个。

著名心理学家黄维仁说："当一个人没有承诺的时候，他的需求没有任何一个人可以满足。"简单说，他可能要求你上得厅堂、下得厨房，既能挣钱养家，又能照顾他的生活，又负责又温柔，兴趣广泛，作风传统……这样的完人，估计只有机器恋人了。

我们想要得到真爱，就一定要先学会爱自己，然后才能把爱的能量传递给对方。如果一个人说"我爱你是真的"，那么请你观察一下，他/她是否是爱自己的，如果不是，那么他/她不会真爱你，因为他/她连自己都不爱，是没有爱的能力的。

有些情况下，与人相处，对方的言行会经常让我们感到不舒服，但又不知道为什么不舒服，是哪里出了问题。其实，很可能这时候我们正遭遇着变相的心理虐待。这种虐待与我们上面说的极端方式不同，它是不易被察觉的，有时还戴着"我是为你好""我因为爱你"的标签，你会说"这很正常啊"。正因为它看似正常，才会被我们忽视，不加以防护，不但自己会受到伤害，对方也很有可能成为新一轮的施暴者。

著名心理医师苏珊·福沃德结合美国现状，归纳总结了情感控制者的典型表现。我结合国人的相处方式，根据中西方的共性和差异，总结了8类情感控制者的表现和应对方式。

① 环境破坏大王——"我不好过，我也不让你好过。"

这样的人的潜意识有一个"充分不快乐"原则，这个原则的本质是：如果我不高兴（如果你惹我不高兴，不管你是有意无意），我都会竭尽全力让你的生活也变得充分不愉快，直到我高兴起来。

掌握这个原则的人可能是你的父母、同事、恋人、配偶等。来访者小蔡说："我办公室有个大姐，她只要不高兴，就在办公室摔东西，大声抱怨。别人不能出声，谁一出声她立刻把矛头指向谁。"这位办公室大姐的行为让其他人产生恐惧：我可要小心点，别招惹她，要不就惨了。在恋人和夫妻之间，如果对方因为一点点小事惹了我，那么我就会把自己变成冰，把家变成冰窖，直到你缴械投降。

你不得不改变自己的计划去迎合讨好他们，甚至替他们解决本该由他们自己解决的问题。于是，他们的控制目的达到了，会暗自窃笑，以后故技重演，甚至变本加厉。如果你爱他/她，甘心情愿去哄他/她，那无所谓。如果他们的做法让你不舒服，你不得不去做，做过之后还觉得自己卑微，我们就要考虑如何去应对环境破坏者了。

* 应对方式:不要被他/她影响,不要为了照顾他/她的心情而改变自己的计划。这个说起来容易做起来不简单,实际上需要我们有强大的意志力,比如那位同事发飙的时候,不管她怎么做,我们都不去理她,让她感到没趣;比如我们要学着在"冰窖"中自得其乐,为自己活,不受他/她影响。如果你一定要说"她是我妈妈,我怎么能不管她",你就又中了她的圈套。不要忘了,每个人都要为自己的情绪负责!

② 乐于助人者——"我这么帮你,你要拿什么回报我?"

"我对你的滴水之恩,你当涌泉相报。"一些人内心遵循这个原则。他/她为别人做了一些事,总是念念不忘,这还不算,他/她会在你们产生一些冲突的时候,把他/她为你做的事情拿来当作筹码来攻击你,让你感觉自己应该听他/她的。

这种控制通常发生在父母、同事和爱人身上。我的一位来访者就遭遇了这样的情感控制。他毕业的时候,一位长辈帮他进了自己当领导的公司。于是"噩梦"开始了,这位长辈总是要求他做这做那,包括做一些家务,做也就罢了,关键是他做事的时候,这位长辈还不停地在他耳边说:当初你进这个公司我是怎么怎么帮你的,你要学会感恩,等等。

如果一个人追求你,为你做了很多事,而且总是对你说:我为你做了这么多,你该怎么对我?我们不是上帝,做了事情期望有点回报也正常。为所爱的人付出是快乐的,但如果他/她总是历数帮你做了多少事,你就要小心了,他/她是在用情感控制你。如果你没有答应跟他/她谈恋爱,他/她很可能会说你忘恩负义,对不起他/她。

* 应对方式:对于乐于助人者,我们要让他/她清楚地知道,如果你愿意做,那么你就要为自己的行为负责,你做的事情,不要算在我身上。如果他/她勉为其难做了他/她不愿意做的事情,我们就要告诉他/她:不要这样,你

第二章 远离控制，找到真爱

不想做的可以说出来。当然，他/她可能表现得很委屈、很受伤，说过几次之后，他/她就会知道，他/她不能用这样的方式控制你。

③ 损人高手——"你看你，怎么那么胖啊！你生什么气啊，我开玩笑的。"

估计每个人都可能会遇到这样一类人，为了抬高自己，经常贬损身边的人。若别人因为他的话生气，他们便开玩笑说："怎么这么不禁逗啊？"如若别人也反击回去，他招架不住，便会恼羞成怒。

小王就有这么一位男朋友，他经常在人多的时候笑话她："看你胖得跟猪似的。""你这么说话傻不傻啊！"小王牛气走了，他就会跟朋友说"女人就是小心眼"，然后把小王追回来。回来之后还会笑着说："你本来就傻嘛！"

这种情况通常会发生在同事、朋友、恋人、配偶身上。一开始你也只是觉得这个人口无遮拦，爱开玩笑。慢慢地，你会感觉自尊被他一点点伤害。他贬损你的话甚至会改变你的自我认识，你真的可能会以为自己很傻、很笨，能够找上他真是上天开了眼，心甘情愿受他摆布。

* 应对方式：分手！除非你愿意为了对付他而改变自己，那还是分手比较好。有时候，男生可能说话不注意，一次两次，可以原谅。但是在你跟他提过多次，说你不喜欢他贬低你，说你觉得他这么说很伤人，在说过之后，他不但不道歉，不改变说话态度，甚至怪你反应过度。那你就没别的选择了。

④ 暗示女王——"你如果爱我，就明白我的意思。"

来访者小李跟我抱怨："我真不知道女孩都是怎么想的！我女朋友想要什么从来不直说，总是让我猜。情人节之前，她说要我送她礼物，送就送吧，当天买了一束花和巧克力。可是她不满意，跟我生气，说我不懂她。她不说，我怎么知道她要什么！"

一般来说，女生喜欢用暗示方式来达到自己目的，因为女性比较感性，心比较细，很容易观察到男生忽视的东西。很多时候，她们觉得自己已经表达得很明显了，但是男生太迟钝，就是领悟不了。受传统观念影响，女生要保持矜持，刚开始交往，怕被拒绝不直接表达，抛出几个暗示是可以理解的。但是，在恋爱中，自己有什么需求，仍然采取暗示的方式，就有点过了。而且，对方替自己把事情完成了，"女王"又摆出一副不屑一顾的姿态：哼，我又没求着你做。

* 应对方式：不要接受"暗示女王"的暗示。如果她想要什么，就让她说清楚。如果她说你不懂她，不爱她。就告诉她：我很想让你开心，但我不会读心术，如果你不说，我不可能知道你的心思。如果女朋友无法接受你的说法，那么请你考虑清楚，是否要继续在猜度中继续了。

⑤ 无责任失败者——"千错万错，不是我的错！"

一个人内心强大的重要标志就是能对自己负责。特别喜欢抱怨的人，就是把自己该负的责任推给别人，甚至推给社会，为自己的失败和错误找到合理的借口，心安理得地逃避在自己虚构的世界里。

如果你的恋人内心不成熟、不强大，他们不懂得对自己的行为负责，当你指出他做错了事，他也能瞬间把责任转嫁到别人身上，最直接的方式就是转嫁到你的身上。

比如，你嘱咐他帮你办点紧要的事，结果他忘了。你有点生气地指出来，他却说："我每天工作这么忙，这么累，辛辛苦苦攒钱，不都是为了你吗？你关心过我吗？你太不知道体谅人，太自私了！"他这番话一说出来，你一下子就从理直气壮变成了无理取闹。

* 应对方式：不要落入他布置的陷阱，让他对自己的行为负责。如果他忘了你交代的事情，又把责任推到你身上，要语气坚定地跟他讲清楚：你挣钱攒钱是为了你自己，不是为了我，我也有我的工作。如果你跟我在一起，难道就不工作了吗？你忘了我交代的事情，给我造成了麻烦，是你的不对，你要道歉！不要把问题扯远，这跟是否关心你是两码事。这样说话比较直接，他有可能会恼羞成怒。但是，只要维持关系，就一定要坚持，不要屈服。

⑥ 账房先生——"你以前做过很多错事，你对不起我……"

小王和小叶交往有一段时间了，每次吵架，小叶就会翻出小王之前做过的对不起自己的事情，一通说，不管这些事与吵架本身的事情是否相关。每次小王被她烦得招架不住，只好不停地道歉。"每次吵架，最后我都落得罪人的下场。"小王说。

我们都不是圣人，人人都会犯错，尤其是两个人刚刚交往，还不太了解对方，很容易说错话，做错事，惹对方生气。一些小过错，通过沟通诚心道歉，做了补救，就应该作罢。可是，有一些人，尤其是女性，她的大脑里就像有一个账簿，一笔笔记下对方犯下的所有错误，尤其是道过歉的，说明承认了，更要加上"圈注"，然后在下一次惹到我的时候翻出来作为攻击对方的武器。

心理学研究表明，负罪感对人的伤害最大。因此，一些犯罪嫌疑人逃跑后因为忍受不了负罪感的煎熬而选择投案自首。一般情况下，在我们觉得亏欠别人的时候，很容易被对方控制，答应他们提出的无理要求，心甘情愿做一些违背自己意愿的事情。

＊应对方式：学会说"不"！当对方一次次历数你的"罪行"的时候，要清楚地告诉对方：我们只解决眼下的问题，不要扯以前的事。而且要分清楚哪些是你应该做的，哪些是对方强迫你做的。如果对方无法从"账房先生"的角色里走出来，我们应该快刀斩乱麻，离开这个关系。

⑦ 永远的抬杠者——"你说得不对……"

生活中总是时不时冒出这样的人：喜欢与人抬杠，你说东，他偏说西，不管你说什么，他都能找出对立面，跟你唱反调。抬杠的对象是家人、同事、朋友、邻居，甚至是陌生人，以男性居多。

小刘因为情感问题来咨询，因为男朋友平时对她很体贴照顾，她想要什么他总是第一时间给送到。就是有一个毛病，特别爱跟人抬杠争论。一次男朋友带她一起与他的朋友聚会，因为一个小话题与人争论起来，别人怎么劝都没用，搞得她很没面子。有时候生活中一些小事情，小刘说出自己的意见，小刘觉得挺可行的，男朋友非要提出相反意见，直到小刘生气了，男朋友才会过来哄。

爱抬杠的人内心有一个自卑的小我。这个小我非常要面子而且自恋，他们要表现自己与众不同，通过驳倒别人来证明自己的存在感和价值感，并以此来赢得他人的关注和尊重。其实这也是逆反心理的延伸。成年人有强烈的逆反心理往往是一种成长经历未完成的表现，因为在成长过程中自我意见没有表述，也没有得到被尊重的机会，希望在后天得到补偿。

* 应对方式：跟这样的人相处很窝火。如果是关系不紧密的人，最好办法就是"无视"，如果有事就说事，没事就笑笑走开，他/她的评论就当作耳旁风，注意保持面部表情轻松自然，让他/她觉得自己说多了没意思。如果是你的恋爱对象，他/她的做法让你忍无可忍，就找到他/她话里的漏洞，坚持与他/她辩论到底。有了挫败的经验，他/她就应该知道这样的方式是不可行的，就会收敛一些。真是执迷不悟的，让你感觉很痛苦，还是选择从关系中退出比较好。

⑧ 骗人专家——"我根本没说过那种话……是你说的！"

一位来访者说：我老公比较爱说谎，都是一些平常的小事，比如，和张三出去吃饭说成和李四，花了一百说成两百，等等，都是一些根本没必要说谎的小事。等谎言被戳穿后只好承认，又编一套谎话。我生气了他就保证不再犯。可这样的事总重复上演。有时候他说过的话也不承认，非说是我说的。现在弄得我们自己都遍体鳞伤，每次他都说我管得严，可这和他说谎有必要联系吗？

每个人都说过谎话，但是说谎的习惯一旦形成，就会贯穿一个人个性的所有方面。如果一个人在小事上撒谎，大事也一样。在恋人配偶面前不说实话，在同事朋友面前也会满嘴跑火车。对于经常撒谎的人来说，说谎已经渗透进他的人格里面，是几乎不可能改变的。

* 应对方式：方法很简单，就是趁你还能平平和和地全身而退，赶快分手。如果感觉他还有希望，你可以不给他说谎的机会，让谎言自生自灭。或者你是野蛮女友，对付吃软不吃硬的男友，你越是义正辞严，态度强硬，他越是听话。

最后我们还要擦亮眼，因为情感控制者不一定只采用一种方法，他们会混合使用多种方法来达到控制别人的目的。

自信的人不会去控制别人，而能与别人建立平等互助的关系。而情感控制者虽然大多比较聪明，但是大多缺乏自信和安全感。也就是说，他们的内心与表现是相反的。他们表现得以自我为中心，超级自恋，觉得自己比别人强。但是内心却自卑，认为自己一无是处，经常感觉没有存在感和价值感，所以会通过别人的反应来评价自己，感觉别人在自己的掌控之中了，他们的内心才会有片刻的安全。

我认为这些人的逻辑是：我是个如此不讨人喜欢的人……没有人会因为真正喜欢我这个人才跟我在一起……所以唯一能够让他们留在我身边的方法就是，我通过感情（或者金钱，或者其他方式）来控制他们。

越是缺乏安全感，越是会控制对方，越是控制对方，对方越是想逃离，导致他们内心更大的恐慌，更想去控制。这是情感控制者的恶性循环。只有打破这个循环，用深刻的觉知面对自己的内心，接纳自己，情感控制者才可能找到出路。

我们更需要搞清楚这些人的心理机制，不要试图用自己所谓的爱去感化对方，改变对方。

❸ 你的爱情是否"门当户对"？

很多女孩心中都有一个"王子"梦，幻想着有一天王子骑着白马来娶自己，而且畅想了一起生活后的种种美好。但是，灰姑娘与王子婚后一定能过上幸福快乐的生活吗？

（1）爱上自己制造的"武器"

晓筱生在一个富裕家庭，母亲是政府工作人员，父亲开了一家不小的公司。母亲为人刻板，对她要求很严格。父亲很宠她，但是因为工作忙，与她在一起的时间并不多，为了弥补她，父亲经常给她大笔零花钱。上大学之后，父母经常念叨，希望她找个门当户对的男朋友。晓筱很不以为然。大三的时候，晓筱在网上遇到了一个农村打工仔，比她大七岁，虽然他是初中学历，但是晓筱觉得他非常健谈、幽默，更重要的是他能给她无微不至的关爱。这让晓筱有了"久旱逢甘霖"的感觉，他们恋爱了。

因为门不当户不对，父母自然坚决反对，父亲用不给生活费来要挟她，但是晓筱铁了心，一定要跟男朋友在一起。

抗争了一年多，晓筱也毕业了，两个人偷偷领了证。父母无奈，只好采取默认不管的态度。按理说，两个年轻人应该幸福快乐地在一起了。可是，晓筱怎么也高兴不起来，她跟我说："我感觉自己好像突然没了力量，爸妈干涉我们的时候，我感觉自己好爱他，跟他在一起特别踏实，没有他活不下去。现在，我发现我好像没有那么爱他，他的好多习惯我也忍受不了……"

晓筱一直以来对父母的那一套"门当户对"的理论极其反感，一直标榜自己新时代的婚姻观，认为只要两个人相爱，就可以力挫万难。可是，当把父母这座大山扳倒之后，她慢慢发现，自己与他有太多的不和谐。习惯大手大脚的晓筱怎么也看不惯老公的小气，听不惯他和朋友说话带脏字，受不了他晚上睡觉不刷牙……

慢慢，晓筱明白，他只是自己反抗父母的一个武器，她爱上这个武器，是因为和他在一起能击败父母，击垮父母强加给自己的观念。当这个武器无可利用之后，晓筱便没了爱的力量。

（2）婚姻的门槛——门第

前几年，《非诚勿扰》某女嘉宾的一句"宁愿坐在宝马里哭，也不坐在自行车上笑"引起了舆论哗然，但这句话也着实说到了某些女孩儿心坎里，嫁入豪门是某些"灰姑娘"飞上梧桐枝头的梦想。

幸福不是用来炫耀的，而是用内心感受的。若真的攀上了高枝，内心的幸福与苦楚也只有自己清楚。

我一个亲戚的女儿嫁给了当地有名的房产商，每次回家都开着名车，穿着名牌，拿着名包，光鲜亮丽，让很多人羡慕。而我的亲戚却跟我诉苦，女儿在婆家很不自由，出门逛街都要跟婆婆请示。生完孩子，她婆婆把她给婴儿准备的东西扔到一边，还说杂牌子不卫生。心里真不是滋味，又怕女儿在婆家受气还是忍了。

每个人的潜意识里都有等级的观念，这是一种集体潜意识，是一代代文化传承的结果。也就是说,有钱有势的人自觉高人一等,而无钱无势的人往往自觉矮人三分。越是低自尊的人,越是固执地坚持等级之分,因为他们内心没有能够体现自己价值的东西,自己引以为傲的地位钱势被轻看,自己就会感到毫无价值感。

人有颐指气使的时候,自然也会有低头哈腰的时候。

说到这里,出现一个戏剧化的结果,媒体报道《非诚勿扰》女嘉宾悔婚成被告案,经二审调解,女嘉宾返还了宝马车。

(3) 恋爱是两个人的事情,婚姻是两个家庭的事情

你不是嫁给了某一个人,而是嫁给了这个人的全部社会关系。你们俩的结合就是两个家庭的结合,他娶了你,就等于娶了你的一切,包括你的社会关系、你的父母……

这是电视剧《新结婚时代》中顾小西的妈妈说的。

顾小西是受过高等教育的北京女孩儿,出身高级知识分子家庭,他们并不势利,但是何建国来自农村,潜意识里总觉得城里人看不起乡下人,这是骨子里的自卑。结婚后,何建国和顾小西的家成了"何家村驻北京办事处",这让北京姑娘顾小西实在不能理解,更无法接受。而且,何建国对爸爸言听计从,没有一点主见,也让小西看不惯。太多的矛盾和误解,让两个人实在无法承担,选择了离婚。

两个人的结合,不单是两个人有了感情,搬到一起生活这么简单,而是两个家庭的融合,地域文化、风俗习惯、家庭背景、价值观念、生活习惯、处事方式等的差异,都会在日后成为问题或者矛盾点。

心理咨询专家王波指出,婚姻有三重"境界":

第一重境界是"和一个自己所爱的人结婚"。

第二重境界是"和一个自己所爱的人及他/她的习惯结婚"。

第三重境界是"和一个自己所爱的人及他/她的习惯,还有他/她的背景结婚"。

处在第一重境界的夫妻,婚姻相对稳固;处在第二重境界的夫妻,婚姻比较稳固;处在第三重境界的夫妻,很少见到有离婚的。真正白头到老的夫妻,都是经历了三次"婚姻",一步步磨合过来的。

问题来了,两个家庭有着相近的价值观和生活习惯,两个人有着较多的共同语言和爱好,那么相互包容就不是难事。如果差异太大,每个人身上都是尖尖的刺,怎么能够抱团取暖呢?

(4)门当户对是一种对等关系

所谓对等,就是一种平衡,是想要组建家庭的两个人综合条件的对等与平衡。

每个成年人都带着附件来寻找另一半,附件包括:年龄、长相、身材、工作、收入、地位、教育程度、家庭背景等,当附件的综合条件大致对等时,接受对方才更容易。如果研究生找一个初中毕业的,"白骨精"找一个农民工,四肢健全的找一个瘫痪的,女神找了屌丝,六十的老汉找了个二十出头的……这些现象当然存在,只是这种条件的不对等潜藏着很大的不稳定性,婚姻也就缺乏安全感。

比如,王子去参加一个高级宴会,来宾都是精英骨干,初中毕业的灰姑娘连话都插不上,只能坐在角落里;王子与知音谈论琴艺,不懂音律的灰姑娘只能微笑注目;王子内心因为家事国事忧心,没受过什么教育的灰姑娘不知道如何劝解……王子和灰姑娘生活在一起能幸福吗？

并不是说门当户对的婚姻就一定美满幸福，但是门不当户不对的感情经历的磨难和考验会更多。我们所说的"门当户对"，不是传统意义上的男女双方的社会地位和经济情况相当，而是更注重精神层面的对等。总体来说，大致有几个方面：

一是说教育程度大致相当。这样交往的圈子才能有交集，有利于建立共同的朋友圈。

二是在人生观、价值观、世界观上的相互认同。对事物的看法要基本一致，这样就少了很多不必要的纷争和摩擦。

三是有相似的生活习惯和爱好。有共同的习惯可以减少矛盾，共同的爱好可以增进两个人的感情。

四是两个人的角色认同要一致，不管是男女平等、男尊女卑或女尊男卑，只要彼此认同自己的角色定位，这样的婚姻才稳定。

五是有相似的教育理念。不但不会产生家庭矛盾，更不会因为一个白脸一个红脸，让孩子形成人格障碍。

六是要有相似的消费和理财观念。很多夫妻因为钱而争吵，就是因为消费理念上的冲突，这一点是非常关键的。

❹ 你与恋人是否性格相合？

不管是恋人分手，还是夫妻离婚，经常被提到的理由就是"性格不合"。性格不合是一种笼统概括的表达，它能囊括除去极端伤害行为（如家暴）等所有理由。是什么影响了我们性格的形成呢？

（1）我的性格，谁做主

性格主要体现在对自己、对别人、对事物的态度和所采取的言行上。性格表现了人们对现实和周围世界的态度，并表现在他的行为举止中。就如世界上没有完全相同的两片树叶一样，每个人都有自己独特的个性。

那么，什么因素能影响我们性格的形成呢？

现代主流科学认为，我们的性格形成是遗传和生长环境综合作用的结果。澳大利亚心理学者罗拉黑尔这样概述性格形成中遗传与环境的作用：首先，在心灵与思想的某些特质上，家庭成员之间存在着某种程度的遗传；其次，至于性格中那些独特鲜明的部分，在遗传中是被放大还是被缩小，取决于后天的环境因素；最后，遗传中被放大的部分越突出，受环境的制约就越小。

比如，一个天生敏感胆小的孩子，如果父母科学养育，能够让孩子感受到极大的爱和安全感，孩子非常有可能变成积极自信的人；假如父母忽视孩子或者对孩子粗暴教育，孩子的敏感胆小的性格就会被放大，长大之后心理障碍的发生率就会增加很多倍。

再如，一个天生活泼好动、很皮实的孩子，父母怎么对待他，就是打骂，孩子都很少受到影响，依然调皮好动。这种现象在农村孩子中较为常见。

在婚姻恋爱中，什么样的性格相合呢？我们有必要了解性格因素在人际吸引原则中的作用。

（2）人际吸引的原则

① 相似性原则

是否性格相似的两个人就一定意味着针锋相对呢？答案是否定的。美国心理学家纽加姆曾做过一个著名的心理学实验。他让17名互不相识的大学生同住在一间宿舍中，对他们的亲疏变化过程进行了长达4个月的跟踪调查。实验结果表明，在相识之初，空间距离的远近决定了彼此的亲疏程度；然而在实验的后期，那些在信念、价值观和个性品质上相似的人，在研究结束时都成了形影不离的好朋友。

两个人刚认识的时候，年龄、外貌、经济、社会地位等方面相似更容易相互吸引。随着交往加深，性格、价值观、品质等方面凸显出来，作用更大。也就是说，越是相似的人，很可能关系就越近。因为相似，才能有更多话题，共同的朋友圈，这样的感情才可以更长久。

从潜意识来讲，我们内在有很多种人格，我们称之为"小我"。其中一些"小我"主宰我们的性格，当外面某个人与自己的"小我"很接近，我们就会把"小我"投射到对方身上，就好比我们从他/她身上看到了自己，感觉很亲切，关系很容易拉近。

我的一位来访者是一个比较孤僻，非常缺乏安全感的人，她在学校里几乎不参加任何集体活动,她发现班里还有一个与她一样的男生。相似的性格让这两个从不主动与人搭讪的人恋爱了,她说:"我跟他在一起,就好像看到另外一个自己,即使相互不说话,也觉得非常安心。"

换句话说,相似的人肯定了我们自己的性格、品质和价值观,是一种正强化。每个人都想得到别人的认同,与自己相似的人在一起,就会有存在感和被认同感。

② 互补性原则

心理学家认为,人具有渴求互补的心理,这也可以解释为什么许多漂亮的女孩终会与一个才华横溢而相貌平平的男子结合的心理动因。对自己缺乏的东西,人们通常有一种饥渴心理,而对自己所拥有的东西反而不太重视。

比如,我们经常看到爱说话的人与沉默寡言的人成为朋友,脾气暴躁的人与温柔娴静的人能和睦相处,大大咧咧的人与谨小慎微的人成为知己。

另外,自信自强型与优柔寡断型,急躁型与耐心型,倔强型与柔顺型,阳刚型与阴柔型,外向型与内向型,急性子与慢性子等,这些不同类型作风和性格的人,都是可以互补并建立亲密关系的。

人都有完整自我的本能,每个人都有"显性"和"隐性"两种不同的性格表现,也就是说,内向/显性的人内心还有另外一个外向/隐性的性格,而内向自卑的人不喜欢自己这个"显性"性格,他们很想拥有外向开朗的"隐性"性格。他们把自己的"理想自我"投射到外部,很容易被这样的人吸引。外向的人同样也希望自己能够拥有沉静的性格,于是两个人的结合就会让彼此感到自己的人格更加完善。

③ 性格不合只是替罪羊

一位朋友父母已年过半百,结婚二十多年总是吵架,而且几乎每次吵架都是因为性格上不可调和的矛盾。她的父亲在一家比较大的公司做经理,大男子主义，很要面子，希望家里人都听他的。她父亲觉得女人不应该太逞强，要顺从，非常讨厌她母亲非要把自己的意见加进去。

她的母亲是中学老师，独立、能干、有主见、追求完美，家里布置得一尘不染。她认为自己工作辛苦，做丈夫的应该多体谅自己，不应该要求这要求那，不懂得包容。她的母亲觉得自己为这个家付出很多却没有得到认可。

每次吵架，两个人各说各理，谁也不让步。我朋友劝过多次，没有一点效果，无奈中抱怨：我真恨不得他们俩离婚算了，别这么吵了。

两个人的性格很相近，都有比较强的控制欲，两个人互不相让，都希望对方妥协，这样要强的性格就必然导致针锋相对几十年的结果。

是否互补型的恋爱就能琴瑟和鸣呢？

小鹏是一个性格开朗、喜欢热闹的男生，但是女朋友却不爱说话，每次小鹏带女友参加朋友聚会，她都安静地坐在一边玩手机。后来女友感觉融不进小鹏的朋友圈，说什么也不跟他去参加聚会了。小鹏是一个心直口快的人，有了问题就喜欢立刻解决，也会向周围朋友求助，一起应对。但是女友却跟他相反，她不喜欢说出来，喜欢憋在心里，哪怕工作遇到了麻烦，也不会主动与小鹏讲，非等小鹏逼着问才会挤出一点点。小鹏感觉跟女友相处越来越累。

性格不合成了男女感情发生矛盾的替罪羊。其实，关系是否和谐，原因并不在于性格相似或者互补，而在于男女双方是否有相似的价值观，是否能理解对方的思维方式，能否相互沟通，相互包容，是否与对方站在同一个频道上来理解对方。如果爱只是为了控制对方，如果不愿意表达自己的内心感受，拒绝沟通，当初多么浓烈的感情也会渐渐干涸的。

只有爱是不行的，我们需要有爱的技巧才可以提高爱的保质期。

（3）爱的保鲜原则

① 相互性原则

当一个人频频对你表示好感，而这个人又不是你讨厌的人，你会怎么样？很可能的情况是，你会慢慢喜欢上这个人。这就是爱情的相互性原则，它的含义是我们很容易喜欢那些喜欢我们的人，不喜欢那些不喜欢我们的人。

一个人对我们表达爱慕和好感，极大地满足了我们被爱的需求，自己的存在感和价值感被肯定，由此产生极大的满足感。带着愉悦的心情与对方相处，也很容易看到对方的优点，从而产生爱的感觉。

"士为知己者死，女为悦己者容"就是这个道理。爱人间一个拥抱、一个爱的眼神、一句调侃的玩笑、一个神秘的小礼物等，看似简单的爱的细节，都可以让婚姻保鲜，爱情长久。

② 交换性原则

每个人都希望在交往过程中得大于失，至少等于失。当我们忙活了一上午做了一桌子菜，看着家人或者朋友饕餮一番，哪怕自己吃点残羹剩饭也心满意足。为什么呢？我们付出劳动，最希望得到的是别人对自己手艺的肯定和赞美，得到了，我们觉得值。

这便是交换性原则，从一定程度上讲，交换性原则是我们的世界得到发展的基本法则。助人者之所以快乐，是因为对方的感谢肯定了他的价值。爱情之所以甜美，是因为我们在付出爱的时候，得到了对方的爱的回应。

③ 自我价值保护原则

如果你的爱人总是无限度地挑剔你，否定你，忽略你，打压你，控制你，你会是什么反应呢？

显然，估计每个人都是"是可忍，孰不可忍"，跳起来反击对方，维护自己的立场，这是我们每个人内心都遵循的自我价值保护原则。

自我价值保护是一个人的本能，当一个人言行中带有攻击色彩的时候，我们的第一反应就是反击。比如，男友对自己精心为他准备的生日礼物挑毛病，女友一气之下把礼物夺下来扔垃圾桶里了。女友又委屈又气愤：本来自己费心准备的生日礼物，一点都不领情，还挑毛病。男友也非常生气：我就说两句，至于发这么大脾气吗？

我们很容易在亲密的人面前赤裸裸地表达自己，也很容易把最坏的脾气撒在亲密的人身上。这是因为对彼此的关系比较放心，感觉安全，觉得自己怎么做对方都不会抛弃自己。其实，这是一个认知误区，没有人会无限度地忍受我们的太挑剔和坏脾气的。当侵犯到对方的时候，对方本能的反击就会导致矛盾升级。

因此，我们要尊重对方的人格尊严，感谢对方的付出，哪怕我们不是很满意，也要先表示感谢，再提出自己的期望。

④ 平等性原则

我认识一对夫妻，起初丈夫失业，妻子努力工作养家，但是丈夫却限制她与同事交往，尤其是异性同事，查手机，查微信，就差在手机上安个跟踪软件了。后来妻子考上了研究生，而他应聘到了一个效益较好的单位。这下变成了丈夫总是挑剔妻子不独立，靠自己养活等。

在丈夫的心中，没有"平等"二字，不是高就是低。失业的时候很自卑，怕妻子抛弃他，于是各种监视；挣钱多了，就百般挑剔妻子。这样的婚姻能维持多久，只能看妻子的忍耐程度了。

爱的平等性原则，需要两个人人格平等，不因为学历、收入、家庭背景、社会地位等因素而有尊卑之分。人有被尊重的需要，如果没有平等和尊严的爱情，一定是卑微和痛苦的。因此，建立在平等基础上的感情才是健康的，两个人才能相互理解和尊重。

5 你是恐婚族吗?

(1) 恐婚是因为童年创伤

每个成年人一些不寻常的表现,一定与童年经历有直接关系。周星驰对婚姻的恐惧,源自他童年撞见爸爸偷情。妈妈的好友庞爱蓝《醉爱月光下》一书中有这样的描写,当年4岁的周星驰跟着妈妈去看电影,没想到他在漆黑的戏院中指着前排座位大喊:"妈妈,爸爸在那里。"原来当时周星驰的爸爸正和另一女人约会看电影。星妈当时情绪很平稳,只吩咐周星驰不要再出声,不过这段婚姻依旧因为星爸出轨而结束。

父亲的偷情导致父母婚姻失败,对周星驰的婚姻观影响无疑是巨大的,加上家庭破裂后,星妈独自带他长大的艰辛,更使得成年后的他因为害怕受伤而不敢对外承认与异性的亲密关系,更不能提及婚姻,由此演化成了"恐婚症"。

影帝梁朝伟在节目中说,童年时,他父母离异,他和妹妹跟着母亲,从那个时候开始他就不讲话,害怕跟同学聊天,容易自我否定。由于童年的阴影,因此他对婚姻没有安全感,对婚姻有一点害怕。

不过,梁朝伟克服了恐婚,终于与刘嘉玲结束了17年的爱情长跑,走进婚姻殿堂。

父母的婚姻是我们的模板，一些人怕重蹈父母失败婚姻的覆辙，害怕走入婚姻，甚至惧怕与人建立亲密关系。这是极度缺乏安全感，怕被抛弃的心理。这样的人不仅惧怕婚姻，而且对人际关系敏感，用自我封闭的方式保护自己，很容易形成回避型和冷漠型人格。

恋爱是重复童年的感觉，同时能修复童年的创伤。在恋爱中，我们会变回任性的孩子，用各种方法考验对方是否真爱自己。若对方不能忍受我们若即若离或者其他方式的考验，选择离开，就会再一次证实了我们心中的预言：看吧！女人/男人都是这样，感情都是不靠谱的。如果一直有一个不离不弃的人在我们身边，最终我们被感化，"恐婚"也就不治而愈了。

（2）恐婚是不愿意承担责任

对于26岁的公司职员晓燕来说，即将到来的婚姻让她倍感压力。晓燕和男友相恋两年，感情一直不错，自从上个月男友提出结婚，定下日子，她就开始出现失眠、烦躁的症状。她咨询的时候反复在问：我为什么要结婚？婚姻不但让我失去自由，还要承担各种责任，我能应付吗？

"想想结婚以后要做的事情，我就睡不着觉。"晓燕说，"我之前什么都不用操心，都是父母照顾我。突然让我面对这么多，我简直要崩溃了。"

在中国传统观念里，孩子多大也是孩子，父母多会承担大部分的责任，孩子只顾着自己吃好玩好，逗老爸老妈开心就好。而独生子女们也乐得在父母的安乐窝里做一个无忧无虑的孩子。还有更多的独生子女，在父母的敦促下生下孩子让父母养着，两个人继续过着恋爱同居的生活。

只有真正成长的人敢于承担，也能够承担起婚姻的责任，这不仅是自信，更是成年人敢于担当的魄力。

（3）担心"婚姻是爱情的坟墓"

人有追求快乐逃避痛苦的本能，恋爱的美好，让我们产生一种幻觉：如果一直这样下去该多好。但是，婚姻是现实的，柴米油盐的琐碎会消弭了激情，让生活变得平淡无味。

小苑跟相恋了两年的男友结婚了，结婚后，小苑对老公越来越不满意。之前不管撒娇生气，都是他哄自己开心，什么事情只要小苑高兴他就去做，而且一天要打好几个电话。可是，结婚后，老公变了，变得不爱说话，小苑说多了他还会嫌烦，而且有时候玩游戏到很晚，晚上睡觉的时候再也不会像之前一样给小苑讲笑话，甚至有时候还冲小苑发脾气。

小苑非常郁闷，怎么一结婚老公就变了一个人呢？难道真像人们说的"婚姻是爱情的坟墓"吗？

恋爱期大多数情侣是不住在一起的，即使有点小摩擦，对方哄一哄，或者冷静一段时间，气消了就太平了。而且没有琐事的烦扰，基本就是打打电话，吃吃饭，出去逛一逛，也很少发生实质性矛盾。所以，恋爱对我们来说，就是随心所欲的各种美好。

恋爱的时候，尤其是热恋期，双方更多会关注对方的优点，忽略对方的缺点，甚至缺点也能被美化成优点。但是婚姻不同，婚姻就要过日子，很多恋爱期的优点可能立刻变成缺点。比如，男友在恋爱的时候很大方，经常会请自己吃大餐，买价值不菲的礼物。这让女孩儿在朋友面前很有面子。但是结婚后，两个人的工资攒起来要还房贷、生孩子、养车子……压力剧增，老公再这么花钱，就是浪费、不会过日子，自然免不了争吵。

另外，恋爱满足的是短期欲望，只要达到"当下高兴"的目标就行了。比如，女孩子生气了，男孩子说点好听的，哄一哄就没事了。而婚姻是一个长期的过程，如果女孩子还沿用之前的方式，男孩子就没有了耐心。他们心里明白：长期下去我可受不了。于是当女孩子再任性的时候，就不会有先前的待遇了。于是，女孩儿郁闷：婚姻夺走了我的爱情。

恋爱期追求的是快乐，婚姻里讲究的是生活，不同的目标导致婚姻不如恋爱期浪漫。担心"婚姻是爱情的坟墓"的人，是一直渴望被宠爱的没有长大的孩子。

这不是恐婚，是恐惧长大。

成长的一个标志是相信自己可以应对将来的一切不确定性，能承担起自己的责任。如果你恐婚的话，请好好地审视自己，是什么原因导致了你的恐惧。试着接受过去，消除过去对自己的影响，积极地面对现在和未来。必要的时候找心理咨询师帮助自己成长。

第三章

外遇，谁之殇？

关于外遇，我们先构想几个场景：

场景一：已婚男人对女孩倾诉，自己的妻子多么不通情理，自己的婚姻多么不幸，自己是多么痛苦无奈。女孩很是同情，不停地安慰。

场景二：已婚男人对女孩展开追求攻势，女孩屡次拒绝，但依然与男人保持联系。在一次女孩生病的时候，男人出现，悉心照顾，女孩被感动，两个人突破了最后的防线……

或第三者设局，假称自己有病或怀孕了，男人去了之后，第三者诱惑男人发生关系……

场景三：两个人偷偷摸摸地幸福着，女孩儿答应男人，不破坏男人的家庭。一次两人逛街，被妻子的闺蜜或者父母看到。

场景四：家里闹开了锅，妻子逼着男人和第三者断绝关系，动用全家的力量给男人施加压力。

场景五：柔弱的第三者默默收拾受伤的心，远走他乡……

或泼辣的第三者找到男人："玩够了就想跑，没门！我死给你看！"

场景六：男人夹在两个人女人之间，两个女人一个比一个声高，男人左不是右不是……

相信大家看到这些场景都很熟悉，影视剧中经常出现类似的情节，几乎每一部社会伦理片中都会出现。

外遇这个词汇是近几十年伴随着社会、经济的发展而诞生的，指的是一个人在婚姻之外遇到另一个异性，发生感情和关系，也叫出轨、婚外情。

这个小节，我会在出轨者、受害者、第三者、孩子等几个方面进行剖析，让每个人都能了解自己问题的形成机制和心理历程，理清在各种关系中的互动模式，以便做出更加理性的抉择。

出 轨 者

❶ 男女外遇的差异

男性比女性更容易发生外遇。男性的内心可以是集体宿舍，他们可以在爱着一个女性的同时，又爱着另外的女性。女性则截然相反，如果女性跟一个男性A谈恋爱或者结婚，如果遇到另外一个男性B，她们会把全部心思都用在B身上。在我的来访者中，很多男性来访者因为陷入两个或两个以上的情感纠葛中无法做出选择。而女性来咨询情感问题，大多是怎么样能挽回或怎样争取到婚姻。据调查，男女外遇的比例为3∶1或是5∶1。

男人因性而情，女人因情而性。除了"包二奶"之外，男人有外遇多是寻求性的刺激和满足。最近一项实证研究指出：40%的男性在外遇时，无任何情感上的投入，只为满足性的需求。同时，却只有11%的女性说她外遇时没有感情的投入。很多女性发生一夜情之后很可能会爱上对方，报纸、网络一些媒体经常刊发已婚女性被骗财骗色的新闻事件。

男性在外遇暴露之后，大多数能回归家庭，与之相反，女性的外遇一旦被发现，回归家庭的概率非常低。因为男人会自动把妻子与情人排序，知道孰轻孰重，最终会因为孩子、对妻子的感情、父母的压力、社会舆论等综合因素回头。而女性的外遇是孤注一掷的，虽然也有隐瞒，但是全身心的投入让她们很难收心，再加上男人潜意识里的大男子主义思想，接受不了妻子给自己戴绿帽子，所以，重新复合的机会较小。

很多人做了错事，会给自己找各种理由和借口，降低自己的过错程度，避免受到大的惩罚，争取对方谅解。男人有了外遇，想要减轻自己的罪恶感，获得妻子的原谅，就会说"我根本不爱那个女人""只是为了寻找刺激"等。女人会找出很多男人忽视自己，对自己不够关心的理由，说明自己的外遇是因为丈夫对自己的爱不够，外遇对象能给自己更多的爱。以此让丈夫产生愧疚感，对自己多加关心，当然也有副作用，丈夫接受不了妻子心里有别人，更快做出离婚的选择。

与此类似，男人接受不了妻子与其他异性有性关系，女人接受不了男人心中有别的女人。

男人有外遇是为了寻求刺激，女人找外遇是因为寂寞。男人是感官动物，喜欢追求新鲜和刺激。一些不成熟的男人对平淡生活的忍耐度较低，他们通过自己的外在魅力和性来征服女人，以此获得价值感，中年男人会以此证明自己还没有老去。一些已婚女性在孩子渐渐长大，老公事业繁忙的时候，因为感情得不到抚慰，内心空虚寂寞而出轨。男人外遇多是为了寻求一时的快乐，女人外遇大多会把自己的将来托付给外遇者。

❷ 什么样的男人易出轨

① 要面子、虚荣的男人易出轨。有些人把第三者当作值得炫耀的资本，如果男人所处的圈子中有这样的朋友，男人很可能为了要面子也会像其他人那样玩。

这样的男人一般是以外部评价机制来评价自己的，也就是说他们喜欢与人比较，别人有的自己也要有，有很强的虚荣心和攀比心，非常要面子。他们对一些事物缺乏独立思考能力和辨识力，有很强的从众心理。潜意识里，他们因为怕被团体抛弃，用外遇的方式证明对朋友的忠诚度，获得认同感。比如影视剧中，要想加入一个帮派，就要杀一个人证明忠心也是如此。

② 自卑的男人容易出轨。人都有追求圆满的倾向，一个自卑的男人，他们会找一个比自己优秀的人做伴侣，用伴侣的优秀来弥补心中的不完美。

然而，自卑源自他们的内心，他们自己觉得自己不够好，妻子的优秀只能暂时让他们得到满足。但是自卑的感觉如此强烈，慢慢地，男人觉得配不上自己妻子，他们在家里找不到自己的地位，总觉得矮人一等，自己没有什么话语权。他们内心非常敏感脆弱，极想得到别人的认可和崇拜，对妻子失望后，转而在婚外寻找，外面的女人对他有一点赞美和崇拜，他们就会觉得很受用，觉得自己被尊重，很有价值感。于是，就会付出感情和物质来维持这种美好的感觉。

很多家庭里，很多妻子哭诉：当初他条件那么差，我不顾父母反对嫁给他，他现在却这么对我！

就是这个原因。

③ 没有目标和嗜好的男人易出轨。每个人心中都有一些原始欲望，比如虚荣、贪欲、冒险、攻击性等，这些欲望平时都被压抑在潜意识里。同时，每个人在社会竞争中都会产生一些压力。生活和事业上有目标的人，会把大部分精力放在追逐目标上，在完成目标的过程中释放自己一些原始欲望；有兴趣爱好的人，同样会用大量业余时间来享受爱好带给自己的乐趣，在享受的同时也能缓解一些压力，疏导一部分情绪。

但是，没有目标和嗜好的男人，无法排解自己内心的压力，他们有时会感觉非常空虚和寂寞。这种感觉让人很不舒服，于是，为了逃离这种不舒服的感觉，有的男人会沉迷网游，有的会选择一夜情或者外遇。

④ 重男轻女或比较花心的男人易出轨。重男轻女的男人，会不尊重自己的妻子，在婚姻中，他们一般处于主导地位，掌握着家里的气氛。比如，这个男人的妻子生了女儿，没有给他生下儿子，他就会把责任推到妻子身上，还不允许妻子反驳。当然他出轨的理由就很明显了：你帮我生不出儿子，我找人帮我生。

比较花心的男人是难以定性，如果让他们踏踏实实过日子，比杀了他们还难受。他们是不能容忍平淡生活的。当然，他们也自有自己的一套逻辑：男人就是上半身和下半身分开的动物。他们以此为借口，来掩盖自己那颗不安分的心。

其实，不只是男人，女人也如此，很多女人因为虚荣、空虚，难以忍受配偶的冷落，或者想更多的享受别人对自己的好，在男人比较频繁紧密的"进攻"下，也容易缴械投降。

❸ 出轨是在重复父母的婚姻模式

小Y在一个清闲的单位上班,老婆是跑业务的,工作比较忙,经常要出差。老婆不在的时候,小Y感觉心里很空,就去健身房健身。一来二去,跟美女教练擦出火花。老婆发现小Y经常在卫生间偷偷摸摸打电话,他的外遇暴露了。

小Y在老婆面前磕头下跪,发愿道歉,发誓再也不会发生这样的事情。老婆反思自己可能对小Y关心不够,尽量减少出差的次数,多在家陪陪他,增进夫妻感情。可是,事情过去了半年多,小Y又与初恋情人联系上了。这次无论小Y怎么说,老婆铁了心要离婚。小Y非常痛苦,他不想跟老婆离婚,但是又无能为力。

在咨询过程中,小Y说出了一个隐藏在他心中二十几年的秘密。原来小Y在七八岁的时候,撞见自己的父亲与别的女人在一起,他非常害怕,不停地哭。他爸爸吓唬他:"不许告诉你妈妈,不然我跟你没完。"担心父母离婚的小Y一直把这个秘密压在心底。

小Y一方面对父亲的行为有极大的愤怒,一方面又担心父母离婚会抛弃自己,他只能压抑自己的情绪,性格变得胆小内向。对失去爱的恐惧导致他内心空虚,需要更多的爱来填补。同时男孩儿跟着父亲学做男人,父亲的行为又在无形中影响着他的行为模式。于是，多种因素导致小Y的多次出轨。

小Y显然是家庭的受害者，但是他又同时制造着新的伤害。小Y需要面对过去，接受过去，接受父亲的行为，放下对父亲的怨恨。这些需要通过心理疏导来完成。另外，当心灵空虚的时候，需要与自己的配偶进行沟通。同时需要扩大交际圈，培养多种兴趣爱好，找到自我价值感，学会对自己负责。

❹ 外遇是为了"找妈"

心理学认为,一个人身心具备了良好的能力才适宜结婚。也就是说,不只是生理上具备结婚生孩子的能力,心理上也要足够的成熟,足以承担起自己和家庭的责任,能够照顾自己的人生幸福,这样的人才适宜结婚。

一个习惯被父母悉心照顾的人,会在婚姻中延续这种模式,他们潜意识希望自己的配偶能够像自己的妈妈一样照顾自己。一个习惯被照顾的人,心理上没有得到充分成长,他们与父母的互动模式绝对不是公平合理的。

于是,婚前他们对自己的恋人百般好,他们会讨好恋人,希望对方做自己的"妈妈"。当关系稳固,或结婚之后,他们就开始回归本性。他们对配偶百般挑剔,觉得对方为什么做不到怎样怎样,然而,配偶不可能像自己的妈妈那样,于是,他们对婚姻失望了,转而从婚姻外面寻找新的"妈妈"。

与此相反,小时候遭遇父母严苛对待的人,他们的内心极度渴望一个完美的父母来补偿自己童年缺失的爱。小灿就是这样的,小时候妈妈对她不管不问,爸爸对她很严厉。大学毕业后,有很多帅气的男孩儿追求她,她都没有同意,最后她嫁给了一个对她非常好,但是却不善言谈的老公。后来因为婆媳关系,小灿感觉老公对自己的态度明显冷淡了,她非常苦恼,在网上找之前的同事倾诉，同事的安慰让小灿找到了久违的温情，她出轨了。

频频出轨者一次次"找妈"，必然会一次次失望。天下没有一个人可以成为自己的"完美妈妈"。只有当出轨者真正明白这一点，通过心理咨询找到问题的根源，有针对性地进行调整，才能得到必要的成长。

受伤者

❺ 全职太太的悲哀

阿莹不仅人长得美，而且工作待遇也不错，但是她放弃了很多男孩儿的追求，下嫁给条件不如自己的阿庆。

阿庆比阿莹大四岁，当初，阿莹看上他，就是因为他孝顺，有责任感，重要的是阿庆很宠她，她可以在阿庆面前像小女孩儿一样撒娇。

婚后阿庆没有像别的男人一样，婚前一个样，婚后一个样，依然把阿莹当宝贝。孩子的降生让靠工资生活的两个人感到了很大压力，阿莹和阿庆商量，用阿莹陪嫁的钱做点生意。阿庆头脑灵活加上讲诚信，很快他们的生意就做得有声有色。

因为孩子小需要照顾，两边的老人身体也不好，当他们的生意好起来，在阿庆的建议下，阿莹做起了全职太太。

自从做了全职太太，阿莹认为，只要把孩子照顾好，把老公照顾好，把老人照顾好，让家里温馨和谐，就是一个女人最大的幸福。由于不常出门，阿莹很少打扮自己，每天起床为孩子老公准备早饭，送他们走了以后，就收拾家务，去菜场或者超市买菜，偶尔上上网搜搜菜谱，或者跟几个要好的姐妹煲煲电话粥。

慢慢地，阿莹习惯了这种生活。一次阿庆带她参加一个宴会，看到一些与自己差不多的女人谈吐优雅，与自己的老公侃侃而谈，她内心涌出很大的自卑感，觉得自己跟周围的环境很不搭，找了借口提前离开，从此再也没有跟老公参加过这样的聚会。

有一天，阿莹偶然去公司找阿庆的时候，她撞见老公与女秘书两个人头碰头很亲密地交谈，秘书脸上的表情很微妙，有娇羞、有崇敬……

她无法接受这个事实。在阿莹的逼问下，阿庆承认了与秘书出轨的事。阿莹觉得自己的世界坍塌了……

阿莹的悲剧在于她当了全职太太，改变了自己的生活重心，不事装扮，忽视了自我。

阿莹工作多年，也是有主见有见识的人，一开始，阿庆生意上有了困扰，会找阿莹商量。随着阿莹与工作和社会脱离越来越多，阿莹的建议再也不能让阿庆满意，最后阿庆说，你看着办好了，我相信你。

再坚强的男性也有心灵脆弱的时候，在阿庆需要帮助的时候，阿莹只是用一桌饭菜喂饱老公的胃，在阿庆最需要帮助和支持的时候，只有秘书陪在身边，朝夕相处，日久生情。有一次秘书生病，阿庆去探望，两个人发生了婚外情。阿庆心里对阿莹有愧疚，回到家对阿莹倍加关心，这更让阿莹坚定了自己的信念：老公是不会背叛我的。

亲密关系的维系，必须相互依存、相互需要和满足，当一方的心灵匮乏，得不到滋养的时候，这样的关系就会失衡。当女人失去了自我，没有自身魅力和价值的时候，另一方很可能从婚姻外部寻找自己的心灵寄托。

❻ 受伤后的心理反应

通常悲伤表现为五个阶段：拒绝、愤怒、彷徨、消沉、接受。在受伤害事件发生后，前四个阶段有时是交替出现的。

出轨者给配偶造成的身心伤痛无疑是巨大的，会产生比亲人离去还要痛苦的情绪。美国临床心理学家Dr. Janis Abrahms Spring根据临床经验及实验研究，整理出人们遭遇情变时的7种潜在坏情绪，我根据自己的咨询经验加以补充和阐释。

① 自我认同感消失。我的一位来访者因为孝顺公婆、打理家事经常得到别人的夸奖，自己也非常认同，认为自己是相夫教子、尽孝道的模范妻子。但是老公却对自己做出这些不关注，觉得自己在事业上帮不了自己，与他的合作伙伴搞在一起。她来咨询是想弄明白自己怎么做才是对的，之前做的这些是对还是错，她不明白公婆眼中的好媳妇、别人眼中的好妻子怎么一下子就变成了弃妇呢？她不知道自己是什么样的人，该何去何从。

② 突然失去身心掌控能力。很多人在得知配偶出轨之后，会出现难以自控的强迫症状。我的很多来访者都提到一个共同的现象：大脑里会不受控制地出现配偶背叛自己的场面，或者联想一些配偶没有交代的内容，然后不停地追问，反复地提起，让自己痛苦不堪。

③ 自尊心和自我价值感受到极大损伤，觉得人生灰暗。很多人在遭遇背叛后，觉得自己特别丢人，连自己老公都看不住，认为自己很没有吸引力，不敢上街，不敢见亲人朋友，猜测所有人都会对自己指指点点。很多人感觉自己没有价值感，认为自己为家庭付出这么多年不值得。感觉人生不过如此，不知道以后的路怎么走，甚至有自杀、自虐的倾向。有一位来访者说：我之前走在路上，觉得阳光是温暖的，树叶是亮的。知道老公出轨后那段时间，我走在街上感觉什么东西都蒙着一层灰色。

④ 觉得自己不再被珍爱。外遇受伤者会觉得自己一无是处，觉得这个世界上没有一个人会珍爱自己，随时可能被抛弃。小宋在老公出轨后变得疑神疑鬼，对于老公的加倍关心也表示怀疑。晚上睡觉老公离她近一点，她就赶紧躲开。她担心自己轻易原谅老公会让他更加肆无忌惮，怕再一次受到伤害。

⑤ 人生的基本信念开始动摇

第一，在配偶背叛自己后，开始对这个世界产生怀疑，觉得人人都不可信，都可能伤害自己，不再相信人，尤其不再相信男人，有的人甚至认为"男人没有一个好东西"。

第二，觉得这个世界不公平，付出没有收获，有些人会不劳而获，认为"人善被人欺，马善被人骑"，善良的人不会有好结果。

第三，对自己的信仰产生怀疑，认为命由天定，自己是改变不了的。有些人开始信佛教、基督教。

⑥ 经常会问"为什么是我""为什么遇到这样的事""我做错什么了"。因为外遇像是晴天霹雳，很多人承受不了这样的打击，对配偶和第三者产生极大的愤怒，想要反击或者报复。来访者小冯在老公出轨后非常痛苦，她寝食难安，尤其在晚上，她睡不着，就叫醒老公，不停地追问老公："我做错什么了，你为什么这么对我？"

⑦ 产生强烈的孤寂感，觉得无人理解自己。男人遭遇妻子背叛，有的选择心理咨询排解自己的痛苦，大多数会将痛苦压在心里，孤寂的感觉尤为严重。很多女人在遭遇配偶外遇打击之后，会选择向亲人或闺蜜倾诉，但是闺蜜无法理解自己痛彻心扉的感觉，会顺着她指责老公一番，或者为她出主意，有的人甚至会为了安慰她说一些调侃的话："你中奖了，明天可以去买彩票了。"这种说辞不但不会缓解当事人的痛苦，还会使当事人伤上加伤。

❼ 执着于惩罚出轨者能够从中获益

来访者小周老公出轨已经过去一年了,但是她依然无法从伤痛里走出来。她说:"我知道老公对我很好,每次当我情绪失控的时候,他都任我打骂。我知道他是真心的,但是我就是无法停止我的这些思维,有些时候莫名的情绪上来就发泄一通。"

我问:"你这样做有什么好处吗?"

"没有好处,我感觉非常痛苦,过后我也很痛恨自己。"小周说。

"是吗?你好好想想,当你发泄的时候,你老公的态度是否让你满意?"我提示她。

看她有些不理解,我引导她进入催眠状态,让她还原当时的场景,她看到自己是高高在上的"女王",老公犯了错匍匐在台阶下……

清醒之后,她似有所悟地说:"我明白了,我之所以放不下老公出轨的事,是不想放弃我的优越感,我可以因为任何不高兴就提起这件事,老公的态度让我很满足。"

表面看,来访者因为配偶的出轨而痛苦,其实这些痛苦早已经脱离了原来的事件,变成了自发制造的痛苦。因为潜意识得到的好处,是用痛苦来滋养的。没有了这些痛苦,就无法满足自己内在的优越感和控制欲。

在我的引导下，小周又找到了其他的好处：一直想减肥却无法成功的她，因为老公出轨的事情寝食难安，瘦了将近二十斤。后来，当她感到体重反弹，就会莫名地恐慌，拿出这件事来抖一抖，可以让自己保持体重。

心理学有一种说法，当我们执着某一种思维和行为时，一定是它能让我们获益，至少是能给我们带来隐含的好处。

放下这些执念，可以更好地处理我们的"伤口"，也能使我们尽快地恢复平静的生活。

❽ 给自己一个期限，让自己"定时哀伤"

我的一位来访者说：我不敢向我的闺蜜倾诉了，我觉得她们都听烦了，我觉得自己都成了祥林嫂了。

当配偶的外遇无情地向我们袭来的时候，长期陷入痛苦情绪不但让朋友害怕，而且更伤害自己。因为长久的自怨自艾不仅会消耗友情，而且习惯享受和依赖别人的安慰，很容易陷入沉溺状态，会极大地降低我们的价值感。所以，我们不能过度依赖别人，何况别人也没有责任和耐心听我们不停"诉苦"。

让自己尽快走出痛苦的沼泽，我们可以用一种"定时哀伤"的方法。"定时哀伤"法有以下两种方式。

一是每天选择一段或者几段时间，自行从事"哀恸治疗"。比如早上刚刚醒来，或下午下班之后，或晚上，要根据自己的情况选择时间和地点，不至于影响同事、朋友或者其他亲人。在这个时间段，我们可以尽情地哭，痛快地骂，或者故意夸大事实，构想出让自己伤心的场景。当然，有配偶在场的情况不宜过多，不然对方烦了，事态可能不好控制。

在这个时间段之外，我们一定要告诉自己：一定要专注地自己的工作，因为忙起来也是控制伤痛的一种方法。

另外需要注意的是，在"定时哀伤"的同时，一定要让自己明白，我在发泄我的情绪，事实已经如此，我该做出怎样的选择，而且要坚信自己是有资格有能力拥有美好的未来的。

换句话说，我们要清楚知道，我痛苦，我知道，我允许自己痛苦一小段时间。

二是给痛苦一个期限。比如，每个女人每个月都有几天会莫名地伤感，一般是在例假来临之前。当情绪不受自我控制的时候，我们会清楚地意识到，然后可以对自己说：我知道我快来事了，我给自己三天时间让自己尽情地敏感、悲伤。

外遇造成的伤害远比这个要大得多，我们可以给自己一个"定时哀伤"的期限，比如1~3个月。我们要告诉自己：你还可以再难过两个月，两个月之后一定要放下。然后我们可以每天定时哀伤，慢慢地，"定时哀伤"的间隔会越来越大。当到了我们规定的期限，伤痛会大大减轻。同时，这个期限也是我们接受事实、解决问题的一个过程。

"定时哀伤"不会让配偶带给我们的伤害影响到我们的工作，关注、疏导自己的情绪也是关爱自己的一种具体表现，能够很好地认识自我，提升自我的价值感，更有利于提升我们的自我掌控力和心理承受力，这是提升情商和自信的有力手段。

除此以外，运动锻炼、远足郊游、保持房间整洁、保持生活规律、培养自己的兴趣爱好、寻求专业的心理咨询帮助等，都是有效治疗外遇伤痛的方法。

如何进行婚姻重建

悲伤的五个步骤中最后一步是接受。大多数的女性和少数男性会接受对方悔改，真心回归家庭，但是伤害已经造成，受伤后的婚姻需要进行必要的婚姻重建。

❾ 时间治愈伤痛

配偶出轨会让我们对他/她和婚姻产生极大的不信任，要想重建信任，必须给自己和配偶一段修复的时间。

受伤者在发现配偶出轨之后，会非常痛苦，会情绪爆发或大哭大闹，极力想办法挽回。当配偶回到自己身边了，他们一般会出现自怨自艾、自卑自怜的心理过程，出现强迫思维，大脑里总是浮现配偶抛下自己与外遇在一起的画面，觉得自己一无是处，特别没用。对于配偶的道歉他们表现得无动于衷，或者离配偶远远的，碰都不让碰。当他们确定配偶不会跟自己离婚，他们会把怨恨狠狠地发泄出来，或者不吃不喝，折磨自己，折磨配偶；或者不停地逼问配偶出轨的事情，甚至能几天几夜不休息；或者出现自残自杀的行为……

受伤者会反复检查出轨者的手机，询问他的行踪，寻找对方还与第三者联系的证据等，有时会虚构出一些情景检验对方是否真正悔改，是否真正把心收回来，是否真正爱自己。这个过程可能持续1~3个月。

10 受伤者采取的策略

① 破坏性报复。当知道配偶出轨，一些人可能采取极端的报复方式来发泄自己的愤怒。比如，有的受伤者会满世界宣扬配偶出轨的事情，跑到配偶的单位找领导告状，告诉他的亲戚朋友给他施压，或者找自己的亲戚朋友来家里教训他一顿。

这样的做法，即使对方被逼回头，内心真的会真心实意地跟你们好好过日子吗？俗话说，管得住人，管不住心。如果出轨者急了，抱着破罐破摔的想法，最后落得两败俱伤，当然受伤害最大的还是孩子。

有的人更是离谱，产生扭曲心理：你出轨伤害我，我也在外面找一个，谁也别想好过。这样做的结果，家庭势必会支离破碎，或者名存实亡。如果家庭中有孩子，这样的选择就会剥夺孩子一生的幸福快乐，他们会因此产生非常不严肃的婚恋观和性观念，要么继续模仿父母的婚姻模式，生活作风开放，要么自卑胆小，害怕与人建立亲密关系。

以上报复式的做法都是把配偶往外推的方式，都是具有破坏性的，对于婚姻重建是没有益处的。

② 卑微的乞讨。我的一位朋友依赖性很强，她是家庭主妇，没有工作，发现老公出轨后悲痛欲绝，她非常担心老公会抛弃自己，自己会无依无靠，于

是加倍对老公好，只要老公在家，她基本做到了特别陪护的地步。她甚至跟老公表示：只要你不抛弃我，你在外面做什么我都不会管。

尊重自己的人才会受到别人的尊重，如果我们的人格被自己这样践踏，男人会尊重我们吗？

当我们把自己的人生交付到别人手上的时候，就很可能成为别人的包袱。乞讨来的婚姻能维系多久，要看施舍者有多大的善心了。

爱是能相互滋养的。暂时乞讨来的爱，只会让对方小看我们，更不把我们当回事。因此，卑微的乞讨只会让对方更加嫌恶我们，这同样是把配偶往外推的节奏啊。

真爱的产生因为一个人的自信、自尊、自爱，有骨气和个性，一旦我们自己都看不起自己，别人又怎么来欣赏我们、爱我们呢？

以上两种策略，都是把配偶往外推的方式，有的受伤者，不只采用一种方式，更加速了配偶的离心力。因此，在离婚和不离婚的抉择上，受伤者一定要知道自己想要什么，我们不能心里想着"我不想离婚"，而行为上又做出把对方推出去的事情。

③ 长期忍耐、默默等待。经常在电视剧中看到这样的场景：一位典型的贤妻良母，因为老公的背叛，独自坚强地抚养孩子，尽心孝敬公婆，不抱怨，不颓废，苦了累了自己哭一场，然后继续坚强地支撑着。最后守得云开见月明，老公被她感动，或者被情人欺骗，最终选择回到她身边。

以中国女性的隐忍和坚强与第三者做长期斗争，考验的是受伤者的耐心和毅力。当然受伤者要承受常人难以承受的心理压力，还要接受一种可能：配偶可能一辈子脚踏两只船。

配偶能与第三者长期保持关系，很可能是因为配偶与第三者已经有了孩子，这样的话，关系就更复杂了。如果配偶选择了第三者，被弃方也要做好心理准备，接受事实，开始自己新的人生。

一般长期承受心理压力的人，内心一定是痛苦的，长期的压抑也容易罹患生理疾病，所以，受伤者采取这样的方式是有风险的。

我的来访者中，在受伤者长期容忍的时候，会让儿女来拉拢配偶的心，这也是一个方法，但是也要讲究策略。千万不要这样跟孩子讲：你爸爸被狐狸精勾走了，不要我们了，你去向你爸爸要钱。保持父母在孩子心中的形象，对孩子的心理健康是有很大好处的。我们可以跟孩子讲：你爸爸最近工作忙，你可以打电话给你爸爸，让他注意身体，早点回家吃饭……

我们说的默默等待，也需要表明自己的观点和态度：我不跟你离婚，不等于认可你的出轨，而是我有我自己的需要，我会顾及更多人的感受，请你不要伤害我。

④ 坚韧果断，保持自我。

我们在痛苦之后保持一份理智，清楚地知道婚姻和感情不是靠乞讨，也不是靠逼迫就能挽回的。保持这样心态的人，一定是自信独立的，他们认为只是结束一段感情，而不是被抛弃。对将来可能到来的一切，他们都做好了心理准备，并且相信自己能够应对。他们会在婚姻出现问题之后反思自己，从感情打击中吸取教训，自我提升。

当受伤者果断地说出自己的决定，就是选择了尊严。省去了太多摇摆和犹豫，也给了对方空间，让对方为自己的行为负责。爱，就是让对方学会对自己负责，这也是在帮助对方成长。

对于只是寻找刺激的人来说，外面的第三者重要，还是经营了多年的家庭和孩子重要，这一点他心里很明白。除了个别出轨者因为不得已的原因，大部分出轨者还是能够权衡利弊，回归家庭。

这样的态度还有另外一个好处，就是极大地避免了出轨方再次与第三者联系，再次出轨的可能性很小（出轨成瘾需要心理疏导者例外）。他们知道自己该承担什么责任，也知道自己承担不了什么后果。

相信你一定能看明白，后两种策略是比较有效的。其实，无论什么方法，都不要失去了自己的人格尊严。一个自尊、自信、自爱、自立的人，是拥有无限魅力的。

更重要的是，我们能从任何一个挫折中吸取可以发现自我、完善自我的正能量，努力改善自己的性情，调控自己的情绪，这是我们从中能够得到的最大的收获。

有的来访者问我，自己的老公多次违背约定与第三者联系，自己该怎么办？遇到这样的情况，我们需要不动声色地合理收集证据，做好保护自己的充足准备，当我们的证据能够给配偶一个教训的时候，就摆出证据，给对方一个痛击。当然，如果我们又怕离婚，又一再地轻易原谅他，或者被他驳倒，同时满心希望配偶自己良心发现不再伤害我们，只能是在梦中了。

11　出轨者应有的心态

打个比方，我们坐公交车，到了一个站点，上来不少人，人流往后移动，有人一不小心踩到了我们的脚。我们非常痛苦，抱怨对方："怎么走的，看着点！"如果对方不理睬，或者直接反驳："不就踩一下吗？有什么大不了的？"我们心里会是什么感受？肯定要说："踩人你还有理了？……"对方也不示弱，一场战斗马上打响。

如果踩人方说：对不起，对不起，人太多，没看到，真抱歉……

你还会有很大火气吗？

同样，如果出轨者能够反思自己的过错，拿出真诚的歉意对待自己的配偶，配偶的情绪会因为对方的态度而慢慢平复。

我有一位来访者，他因为妻子出轨非常痛苦，但觉得自己还爱着妻子，经过全面考虑，认为还没有到离婚的地步，打算和妻子进行婚姻重建。可是，在婚姻修复期，妻子的表现让他非常恼火。妻子不但不愿意与他沟通婚姻中出现的问题，还拒绝道歉，她认为这件事过去了，就不要再提了，再提就是故意找事。不但如此，她不能履行两个人的约定，即使因为工作忙不能回家，也不能按照规定打电话说明情况，甚至和朋友一起出去旅游也不跟丈夫商量。

一系列的表现让丈夫非常失望，他觉得妻子没有悔改的态度，一直在逃避问题，甚至自己依然被隐瞒和欺骗。丈夫忍无可忍，最后选择离婚。

出轨者对待受伤者的态度决定着婚姻重建的质量。面对受伤者的多次试探，出轨者一定会产生负面情绪，这个时候，出轨者要自我疏导自己的负面情绪，必要的时候进行专业心理疏导，然后用耐心和爱心倾听、接纳、包容、体谅配偶，慢慢抚平配偶心中的伤痛。受伤者在屡次试验之后，终于重新信任出轨者，两个人的婚姻才能得到初步的医治。

当然，如果受伤者拿着对方出轨作为控制对方的借口，当觉得自己内心焦虑不安的时候就拿这件事出来发泄一番，也就是说，当受伤者在6个月之后还不依不饶的话，基本就属于这种情况。出轨方最好表明自己的态度：我是真心知错的，如果你不能原谅，我们好聚好散；如果你想好好过日子，从此就不要再提这件事。

第四章

婚姻期的伤害处理

——如何应对婚姻中的明枪暗箭

❶ 对家庭暴力说"不"

（1）识别家暴

在中国，受传统观念影响，很多人对家暴还抱有一些不合理的认识，认为家暴是家事，是隐私，认为家丑不可外扬。有些人不愿意承认自己曾经被家暴，觉得这是丢人的事，会让人觉得自己无能。于是家暴就理所当然地在当事人的刻意掩饰下潜伏在千万个家庭。

其实，在我们身边，甚至在我们身上，就有着家暴的影子，只是因为我们不清楚不了解，或者在所谓"爱"的掩盖下难以识别。根据施暴者的施暴行为，家暴分为以下几种。

① 身体暴力。

身体暴力包括所有对身体的攻击及限制行为，如，殴打、推搡、禁闭、使用工具攻击等，通常会在受害者身上形成外伤，易于发现。还包括妇女在孕产期间遭配偶殴打的，在离婚诉讼期间殴打或唆使他人殴打配偶的，由第三者介入的对配偶的身体伤害行为。

② 精神暴力。

精神暴力是家庭成员之间实施的经常性的侵犯他人人格尊严的不法行为，

对家庭成员之间的精神折磨为精神暴力的常见形式。

③ 冷暴力。

对对方表现为冷淡、轻视、放任和疏远，漠不关心对方，将语言交流降到最低限度，不做家务。

④ 性暴力。

性暴力是指故意攻击性器官，强迫发生性行为、性接触等。丈夫违背妻子意愿，强迫发生性关系是最常见的性暴力。

⑤ 经济暴力。

强行控制受害者的金钱和财产，胡乱支配用以自我享受。

以此来推断，家庭暴力或轻或重普遍存在于中国的家庭，遭受身体暴力比较明显，精神暴力、性暴力、冷暴力和经济暴力往往被人们忽视，但其产生的影响往往更加隐蔽，更加深远。长期的家暴不仅会影响婚姻的质量，更会给受虐者造成巨大的身心伤害，甚至诱发犯罪。作为家暴的受害者，我们必须提升自我保护意识，坚决对家暴说"不"。

（2）轻易原谅导致家暴升级

来访者小刘说，她的丈夫对她家暴已经好多次了，在恋爱的时候就动过手，在他一次又一次的保证下我也一次又一次原谅了他。她觉得自己的忍让包容会让他良心发现。可是，结婚两年，他家暴的次数反而越来越多，小刘多次提出离婚，他都又跪又求，甚至要砍掉自己的手指发誓。小刘非常矛盾，不知道自己还敢不敢相信他能改好，还担心一岁多的孩子因为父母离婚而受到伤害。

人与人之间的关系都是试探性的，婚姻关系也是。当第一次家暴产生，一次道歉或者买个礼物就可以让对方轻易原谅自己，对于施暴者来说，这样的犯错成本实在划得来，于是就会有第二次、第三次……长期家暴就是如此循序渐进发生的。

从心理层面上讲，施暴者内心都很脆弱，他们用暴力来掩盖内心的虚弱无力，愤怒和暴力成了他证明自己力量和权利的武器，他们都是欺软怕硬的。如果你仔细观察就会发现，施暴者施暴后，也会担心害怕，有的立刻请求配偶原谅，有的装作若无其事的样子，做一些反常的事情来转移自己的恐慌和愧疚，比如和朋友出去喝酒、玩游戏、猛刷微博、离家出走等。他们会严密地关注配偶的状态，一旦发生不利于自己的事情，立刻采取相应策略。

人心里都有一杆秤，当自己的行为付出的代价让他产生巨大恐惧，他一定会趋利避害。

因此，受暴者的态度和行为起着至关重要的作用。因为顾虑孩子、面子一味忍让，这样的做法只能是助纣为虐，这就等于我们在向施暴者暗示：你可以随便打我，我不会反抗。

从第一巴掌开始，我们必须学会对家暴说"不"。我们一定要让施暴者明白：你绝对不可以这样对待我，我会让你付出代价的。

首先我们要明白，孩子生活在有家暴的家庭，很容易导致心理问题。给孩子一个完整的家，不如让孩子生活在一个健康的单亲家庭或者重组家庭。

其次，放下所有顾虑，为了维护自己的合法权益和尊严，我们要不惜抱着离婚的心态抵抗施暴者的暴力行为。比如打110报警，或动用你身边的资源，向自己亲人或者朋友求助，兄弟姐妹结成统一战线一起对付施暴者。

需要注意的是，父母的矛盾最好不要让孩子参与，也不要让孩子看到，提前对孩子做好安抚工作，或者送到可靠的亲戚那里。

（3）都是你惹了我

不管是脾气暴躁还是有人格障碍的施暴者，他们家暴的最终目的就是控制对方，希望对方遵从自己的意愿，听命于自己。他们内在有一个逻辑：你服不服？不服我也要打服你。

可怕的是，有的施暴者从来不会反思自己的问题，把打人的责任都推到对方身上。

小奇给我发来邮件讲述了她的苦恼："我感觉我老公的心理有点扭曲了。他心眼非常小，一句话，一个眼神都可能把他激怒！每一次我看到他要发火，就想离开，他不让我走，然后发生更激烈的争吵，甚至动手。我们吵架非常频繁，而且我们每次吵架都是因为一些很小的、鸡毛蒜皮的事情。我知道吵架我也有问题，但是我更坚信一个巴掌拍不响，但是他极端地认为每次吵架都是我的问题引起的，这也是我们难以沟通的原因之一。"

不反思自己的问题，只是把责任推到对方身上，这是非常幼稚的做法。小奇老公处理冲突的心智还停留在四五岁孩子的阶段，为了避免惩罚和内疚，他习惯用"不是我做的"来推卸责任。

对于这样的施暴者，因为他们内心脆弱，无力承担责任，才会每次把责任推得一干二净。即使自己做错了，也极力为自己辩白。我们需要明白一点：一味地妥协忍让是在阻碍他们的成长。只有让他们明白必须为自己造成的结果承担责任，才是对他们最大的帮扶。

因此，放下所有的顾虑，用坚决的态度和行动让他们为自己的施暴行为和结果承担责任。

（4）被妻子逼出的家暴

在家暴的案例中，也有丈夫求助要求解决自己的家暴问题。小周就是这

样一位。他说出了自己困扰:

我结婚快五年了,妻子比我小三岁。因为她比我小,在生活中我总是很迁就她。尽管这样,我们几乎两三个月还是要发生一次冲突,因为家庭琐事意见不合她开始生气,然后我主动道歉,说好话哄她,她一直生气,我就一直哄,直到我失去耐心,我就说"你到底想要怎么样",她就发脾气想走,或者说我一大堆不是,或者说"你打,你还敢打我",最后我控制不了情绪打了她。

小周说他每次打完都很后悔,每次都反思自己的问题,找自己的原因,平静下来就会和妻子沟通,希望她能在我哄她的时候给个台阶下,或者在他情绪失控前能退一步。但是妻子明确表示:"我做不到,要么你改,要么离婚。"

有些时候,家庭暴力就是慢慢用情绪堆砌出来的。男人与女人不同,女人有了情绪可以哭,可以倾诉,而男人会习惯性地压抑情绪,他们平时会隐忍,退让,因为他们觉得男人要大度一点,要谦让女性。可是,如果女性过于任性刁蛮,男性的耐心到达临界点,女性的一句话都能引起他们情绪爆发,引起家暴。

我要对遭受家暴的女性说一句:适可而止,把家庭暴力控制在他第一次动手之前。

女性的语言表达能力比男性要强很多。在争吵的时候,男的说一句话,女的有十句等着,反正都是理。在这样的情势下,有些缺乏理智的男人就可能被"逼"急了,用最简单直接的方式——动手快速解决问题。

都说"兔子急了还咬人",确实有道理。不管什么时候,我们都需要给对方一个台阶下,不要把对方逼进死胡同。

(5)做人格独立、经济独立的人

遭受家庭暴力的人,大多在性格上都比较软弱、任性,依赖心较重,经济上和人格上不能独立，尤其是遭受经济暴力的人。这样的状况不会得到对方的尊重，所以，他们才敢轻易动手。

做一个自尊、自信、自爱的人，不依附于配偶和他人，当我们拥有了独立的人格，独立的经济收入，也就拥有了与对方平起平坐的资本和能力。

如果对方施以冷暴力，我们一定要坚决拒绝，掌握主动权，主动与对方沟通。如果对方拒绝沟通，拒绝改变，我们可以做出维护我们尊严的决定，有权利选择是否留存这段婚姻。

❷ 你能察觉爱人的隐秘攻击吗？

一位母亲向我求助，她的孩子才上小学四年级就开始厌学。这位母亲非常着急，威逼利诱，用尽了各种方法，孩子对学习越来越不感兴趣。

这位妈妈人很利落，说话语速较快，一看就是精明能干的人。

她嘴里不停地说："别人家孩子，一放学就写作业。他放学一进家门就去玩游戏，不让玩就自己躲在屋里不出来。现在上学的时候磨磨蹭蹭，上课也不好好听课……"

这位母亲不停地说着孩子的状况，孩子显得很不耐烦，一个劲儿地要挣脱妈妈的手。

我问她："这么多年都是你在监督孩子学习吗？"

"是啊，我不看着他，他怎么会写？就这么天天说着骂着还这样呢！"妈妈又气愤又无奈地说。

我蹲下来，看着孩子，对他说："告诉阿姨，你学习是为了自己还是妈妈呢？"

孩子瞥了一眼妈妈，又看了我一眼，附在我耳边小声说："妈妈。"

一个人的成长动力就是做自己。孩子的学习不是为了自己，而是为了妈妈，面对妈妈盛气凌人的批评指责，弱小的孩子无力反抗，他们用这种方式表达对妈妈的愤怒。

不管有多么冠冕堂皇的理由，不管我们打着多么伟大的爱的旗号，只要是有言语上的攻击，就必然会有反击。反击有两种，一种是直接反击。比如孩子跟父母对着干，夫妻两个激烈吵架等。一种是隐秘攻击，是隐蔽不显露的攻击形式。比如，上面的案例中，孩子用厌学表达对父母严苛管教的不满。

（1）关系中的弱者惯用隐秘攻击

平衡的人际关系能够带给人温暖愉悦的感觉，失衡的人际关系就会出现怨恨和戾气。

关系一旦建立，就是个性摩擦的开始，当一方明显占有强势位置，另一方明显处于弱势，关系里就会充满攻击和反击。因为弱势的一方不敢直接表达愤怒，但愤怒不会自动消失，被压抑到潜意识里面。

有的人会采用否认或忽视的方式来让自己内心舒服一些，他们经常自我催眠：妈妈（爸爸、配偶）是爱我的，他为了我好，我不会生他的气。导致他们的意识和潜意识发生严重分裂，完全忽视自己的感觉和情绪，成为一个没有情绪、情感表达的橡皮人。

有压抑就会有爆发，多数人不敢直接反击现实中的强势者，他们会采用独特的方式来发泄自己的愤怒。从表面看，弱势者很听话，很乖，绝不做违拗强势者的事情。实际上，他们总是出现一些莫名其妙的小错误，而且屡教不改，令强势者暴跳如雷。

当强势者对他们发怒的时候，他们表现得很可怜、很无辜，一再说"我不是故意的"。在外人看来，这个强势者简直就是一个恶魔。道德的天平自然就会倾向于弱势者一边。在心理和道德层面，弱势者赢得了胜利。比如，在一个家庭里面有强势的母亲和弱势的父亲，而强势的母亲又非常爱孩子。当孩子长到十几岁的时候，有能力与强势的母亲对抗，与弱势的父亲结成联盟。

亲子之间、夫妻之间，如果关系失衡，弱势者最容易采用隐秘攻击的方式反击。

我的一些女性来访者寻求帮助的主题是——丈夫有性功能障碍。有的丈夫拒绝去医院医治，有的配合治疗，但是久治不愈。少则一两年，多则十几年，没有亲密行为的婚姻像一张厚厚的蛛网，被裹挟在其中的人痛苦不堪。但是表象背后必然有深层次夫妻博弈的原因：要么女性强势，要么男性性格过于压抑，要么夫妻的战事频繁，战败的一方就用压抑自己性功能的方式来进行反击。

（2）我为何故意破坏东西

我老公是一个悲观主义者。结婚前十年，我们家的工资都是他一个人掌握，每次花钱都朝他要，这让我很不满，但是不愿意跟他争吵，怕他发脾气或者拉下脸冷战。

那个时候，厨房的用具我都不会轻拿轻放，碗摔过很多，做饭的锅子换过好几个，电磁炉经常拿去修，换过两三个。记得当时每坏掉一个大件的东西，我在心疼的同时，内心有一种隐隐的高兴：哼，东西坏了，该花钱换了，反正不是我的钱。

这样的状况大概持续到我掌握自己的工资。

当一个人压抑了太多的愤怒又不能表达，他的潜意识就会让他做出一些匪夷所思的事情。

很多家庭如此，只要有强势的一方，另一方必然会用隐秘的方式反击对方，要么破坏东西，要么把饭做得很难吃，要么行为上拖拉磨蹭，要么时不时犯点小错。只要强势者最讨厌什么，弱势者就偏偏一直做。他们好像故意激起对方的愤怒，其实是在表达自己的愤怒。当攻击方愤怒过后，必然要收拾残局，这是弱势者隐秘反击之后最得意的时候。

（3）自我攻击也是隐秘反击

当对强势者愤怒不满，却又无力表达和宣泄愤怒的时候，弱势者还会采用自我攻击的方式来反击。在亲子关系中，强势的父母控制的是孩子的心灵，他们会非常在意孩子的身体。当孩子发现自己身体不舒服或者受到伤害时，父母表现出的恐慌和心疼，让他们非常满足，就会无意识地强化这种自我伤害行为，以此感受到"父母与我是一体的"。有的孩子因为对父母过于愤怒，用伤害父母给自己的身体来达到报复父母的目的。

武器可以刺向敌人，也可以刺向自己。强迫症会让患者感到非常痛苦，而这种痛苦也可以是向强势者反击的武器。小芮是一位高中生，因为强迫症进行辅助心理疏导。我了解到小芮的母亲是一个很焦虑的人，对他要求很高，不允许他做这做那，只要学习一有波动，就会被母亲一顿训斥。进入高三，小芮出现强迫症状，母亲非常着急，拉着他四处求助。在医生和心理咨询师建议下，母亲也慢慢改变自己对小芮的态度，不再对他有太多限制。可是，小芮的强迫症一直没有明显好转，经过深入分析，小芮说出内心的话："我不想让自己好起来，我觉得强迫症也挺好的，最起码能让我妈妈不那么对我……"

小芮的自我攻击的武器就是强迫症，他不肯放下，是怕妈妈再回到之前的态度，这个结果比强迫症本身还要让他痛苦。小芮妈妈要真诚向孩子道歉，让孩子看到妈妈的改变，相信妈妈，小芮才能慢慢放下强迫症的武器，自由地做自己。

一位妻子身体很弱，经常晕厥，但是去医院检查，又没有器质性病变。原来，这个家庭的丈夫脾气暴躁，稍不如意，就对妻子和孩子大发脾气，摔打东西。妻子稍有反抗，就招来一顿打骂。一次妻子突然晕了过去，丈夫吓坏了，赶紧把妻子送医院，在病床边陪侍了几天。出院后，妻子的病情不但没好，反而晕厥得越来越厉害了。

晕厥，是妻子对付暴虐丈夫的武器，只有这个办法，才会遏制丈夫的怒气和攻击。谁能对一个没有知觉的人发脾气呢？于是有了这样的心理获益，妻子的"晕厥"就会经常发生了。

（4）合理表达愤怒

愤怒，是一种基本情绪。动物也会愤怒，比如自己的领地被侵犯了，自己的孩子被攻击了，都会产生愤怒。愤怒是保护我们自己的身体、亲人、财产、朋友等不被侵犯的一种生物本能。

愤怒可以告诉我们：有人侵犯了你的空间，想要控制你。愤怒不仅让我们站起来保护自己的边界，还能让我们在愤怒的时候意识到自己的能量所在。

当我们意识到自己有了愤怒却不敢表达，潜意识就会通过隐秘的方式发泄出来。我的一位朋友性格谦和，对人也热心，几乎从不发脾气。但是跟她在一起，你会有莫名的不适感。本来好好的交谈，她会不经意间蹦出一句话让你感觉很不舒服，然后她就忙着解释："我不是这个意思，我是说……"慢慢地，别人与她的关系都拉远了一些。

如果你的生活中遇到强势的人，我们就需要表达出自己的愤怒，而不是一味地忍受，步骤是：接受并理解你的愤怒。我们需要意识到：我很生气！我因为某人的攻击产生了愤怒。然后再根据具体情况采取合理的方式表达我们的愤怒。

合理表达愤怒的方式有以下几种。

① 吵架。当强势者指责你的时候，你可以回敬他：不要总是一味地指责

我，请你先看看自己是怎么做的……适当的吵架可以让对方感受到我们的愤怒和反击，改变之前惯用的指责攻击方式，因为他们也不想被攻击。

② 沟通。直接与让你愤怒的人坦诚地谈，采用这样的方式：你做的某些事情让我很生气（委屈、难过），我希望你如何如何做。跟强势者对话可能再招致更大的指责，只要我们坚定、毫不胆怯地表达自己，他们最终会尊重我们的感受，收敛自己的行为的。

③ 发泄。日本人会去"愤怒吧"发泄对上司的不满。如果使我们愤怒的是无法直接表达愤怒的人，我们可以用这样的方式发泄自己的情绪。

④ 倾诉。女性一般喜欢倾诉，女性的倾诉可以发泄出内心很大一部分愤怒情绪，让自己心灵得到释放。

⑤ 哭。哭是很好的化解悲伤和愤怒的方式，有人喜欢用打枕头的方式发泄愤怒。有人对着"空椅子"——假想出来的让自己生气的人发泄出内心的怨恨和不满。

⑥ 离开。如果我们对攻击者忍无可忍，我们可以愤然离开。当然，前提是我们做好了承担一切后果的准备。

除此以外，还可以用旅游、运动、K歌等方式来发泄愤怒。只要不要让愤怒压抑在内心，任何不伤害别人的方式都是可行的。

❸ 别做容易被抛弃的"好人"

在心理咨询中，很多人说：我这样做别人会不会不高兴？我做一件事，先为别人考虑，不然我太自私了。

来访者为什么会有这样的顾虑？很多时候，是混淆了自私和自我的概念。于是，我经常为他们解释"自私"的含义。

所谓自私，是指个体面临自己利益与对方利益冲突时，会不计对方损失，以满足自己利益为主。此外，自私者在进行自私行为的同时，通常能察觉自己的行为可能损及别人的利益，仍按照自己利益不择手段地行事。

自我，是个体对自己存在状态的认知，对自己社会角色的自我评价。也就是说，有自我的人，能对自己有一个整体的评价，在不损害别人利益的情况下，第一考虑的是达到自己的满意。

而在有些人的思维观念里，满足自我是不对的，第一考虑的是别人，要让别人满意，这样才能有存在感和价值感。

这样的人，我们统称为"好人"，女性的好人就是"好女人"。

（1）濒临崩溃的好女人

有这样一句话：好人都是被架上去的，一旦架上去就下不来了，所以就只能一直当好人。

这话不假，比如，周围人都说你是热心肠、助人为乐的好人，别人有了困难第一个想到你。你除了自己工作之外，还要管太多事情。你不能喊累，也不能拒绝，因为只要你一拒绝，别人就会说你：都说你热心肠，我看不是那么回事。人心啊，总是越来越自私了！这样的评价你能招架得住？于是委屈自己拼命去维护自己的"好人"形象，而家里人都会抱怨你不顾家，你是有苦说不出。

小秦就是这样一位好女人，但是她现在患有抑郁症。在咨询的时候，哭了好久才平静下来，慢慢讲出了自己的经历：

小秦脾气温和贤惠、吃苦耐劳，从不与人争吵，当初丈夫就是看上了她的好脾气。结婚后，小秦工作不忙，不仅把自己的家打理得干净整洁，下班后会回家帮着婆婆做家务。婆婆比较强势，自己开着一家小公司，经常在外面跑业务，家务事基本交给小秦。婆婆对小秦也不错，偶尔给她买些礼物，还经常在别人面前夸她。周围邻居都说："你家修了几辈子的福，娶了这么一个万里挑一的好媳妇。"听到别人的夸奖，小秦也很受用。

小秦有两个小姑子，本来小秦脾气好，平时让着也没什么事。但是小姑子相继结婚生孩子，下了班就会带着一家子来吃饭。全家十几口人的饭要小秦一个人做，小秦有些不愿意了，但是顾及婆婆的面子一直没表现出来。让小秦崩溃的事情是这样的：两个小姑子比较强势能干，非要拉着小秦一起开店。小秦想，自己也不忙，开就开吧。没想到，事情远不止小秦想的这样简单，两个小姑子在店开起来之后就几乎不见踪影，都是小秦一个人忙里忙外打理。小秦是居家型的女人，打理生意的事情让她很挠头。她又不好意思跟小姑子讲，觉得自己在推卸责任，恐怕伤了家人的和气。回家跟老公抱怨两句，老公轻描淡写地说两句："不愿干就别干了。"小秦感觉自己不被理解，不由得就跟老公吵架，最后老公连家也不愿意回了，经常在外面喝酒打牌。小秦感觉自己很无能，很失败。有时候自己一个人坐在店里就会情不自禁哭出来，只是想到自己的儿子和好不容易建立起来的形象才克制住了。

当好人会累，不只是身累，更会心累。好人为了自己多年积攒下来的口碑和形象，压抑了自己的欲望和情绪。压抑的情绪不会自行消失，它会在内心不断发酵，最终会通过不同的方式发泄出来。

小秦选择把自己的负面情绪发泄给老公，伤害夫妻的感情，同时她又把矛头指向自己，过度地否定、贬低自己，使自己沉浸在痛苦中。

（2）母婴关系塑造"好人"

父母与孩子是铁三角的关系，一个孩子在0～6岁的时候，获得了父母足够的爱，那么，他们的内心就会构建一个坚实的安全岛。孩子的成长过程就是不断探索未知世界和人际关系的过程。当他们在探索中遇到困难或遭受打击，就会回到父母的安全岛疗伤。在"岛"上补充了能量，继续去探索外面的世界。当孩子长到12岁的时候，人格初步形成，有了比较完整的自我意识，基本就学会了处事技巧，能独立应对环境，要离开父母自己去外面世界求索。这就是为什么小学时期的孩子有什么事情都愿意跟父母讲，上了中学就有了自己的小秘密。

问题是，不是所有的父母都能给孩子建立起安全岛。有些父母自己还没有成长就有了孩子，对于孩子他们不知道怎么养育，或者交给自己的父母，或者只顾玩自己的，冷落孩子，都无法让孩子形成足够的安全感和自我意识。

存在感与自我意识有很大关系。有一句话：你存在，所以我存在。我们可以理解为：妈妈能够看见孩子的存在，所以孩子就存在。孩子是这样理解的：我发出声音，妈妈能回应我，我就是存在的；妈妈不理我，我就是不存在的。

我笑了，妈妈也笑了，原来妈妈喜欢我笑，所以我就是存在的，有价值的。不管我哭还是笑，妈妈都不在意，那么我就是不存在的，没有价值的。因为3岁以内的孩子是没有你我之分的，他们感觉世界与自己是一体的，他们会以外界的反应来定义自己，比如妈妈喜欢我爱我，就是可爱的；妈妈不理我，扔下我，我就是被人抛弃的。这样的孩子长大之后会因为怕被别人抛弃而不断地讨好别人。

另外，一个孩子自信的建立源自父母对自己的评价。如果父母总是挑剔批评自己，孩子就会把父母的评价内化到自己的潜意识，他们拼命做事情，目的就是想要得到父母的认可和肯定。久而久之，孩子就会用外在的评价来定义自己：周围人怎么评价我，我就是怎样的。他们过分在意别人的评价，他们会忽视自我的需求和情绪，迎合别人的需要，会不断去为别人做事情，得到别人的肯定，他们才能感觉到自己的存在和价值。

当这个孩子长大后，会依然延续这样的模式，去讨好周围的人，努力做一个大家都认可的好人。结婚后，他们也会全心对配偶好，生怕配偶说自己不好，抛弃自己。他们不敢提出自己的要求，总是表现得很听话，很顺从。他们只是希望对方能够不离开自己，甚至卑微地容忍配偶的第三者存在。

（3）好人为何容易被抛弃

我们先来看一下基本人格的形成机制，就可以想明白这个问题。

弗洛伊德的心理动力学理论认为，人格是由本我、自我、超我构成。本我是人格中最原始的部分，是按"快乐原则"活动的，它不顾一切地要寻求满足和快感，这种快乐特别指性、生理和情感快乐。自我处于本我和超我之间，代表理性和机智，具有防卫和中介职能，它按照"现实原则"来行事，充当仲裁者，监督本我的动静，给予适当满足。超我代表良心、社会准则和自我理想，是人格的高层领导，它按照至善原则行事，指导自我，限制本我，就像一位严厉正经的大家长。

每个人心中都有追求最大快乐的本我，自我调节本我在现实允许范围之内得到满足。自我遵循的是"现实原则"，"现实原则"包括周围人的评价、做事的结果、得到的惩罚等，这些顾虑都可以让一个人采取相应的方式规避风险。比如，妻子是一个听话的好女人，丈夫经过屡次试验，清楚地知道，自己做了什么妻子都不会惩罚自己，他就不会顾及妻子的感受。所以，有好女人的家庭，丈夫一般脾气暴虐，或嗜酒，或好赌，或挥霍，或频繁发生外遇。

在这样的家庭中，好女人除了奉献，对配偶没有一点约束，男人就很容易肆无忌惮。越是怕被抛弃，配偶越是不重视自己，抛弃自己。

* **解决之道**

不做好人，要做自己。

没有自我的人会把别人的评价当作假自我，为了让自己体验到存在感和价值感，他不断地付出，不断地奉献，但当别人对他改变了态度，他的假自我瞬间崩塌，体验到巨大的虚无感，这让他生不如死。

经常有人说：我总是为别人考虑，为什么别人总是会忽视我呢？确实如此。一方面我们把他们惯得理所当然了，因为我们太好了，从来不向对方提要求，所以对方就会理所当然地以为我们没有要求。另一方面，每个人都有趋利避害的本能，都害怕被拒绝。当一个人向我们提出要求，我们因为自身利益拒绝他，他下次就会考虑，这次提要求是否还会遭到拒绝。怕被拒绝的恐惧让他对我们产生敬畏心理，必然也会以礼相待，尊重我们。反之，没有了这种恐惧，对方就会肆无忌惮地指使我们做事。

换句话说，关照自己的内心需求，学会拒绝。

尊重自己需求的人，才会得到别人的尊重。尊重自己的需求，一定要先知道自己是一个怎样的人，自己想要什么。

在婚姻中，要先学会关爱自己，才能有能量去爱配偶和孩子，照顾他们的需要。不爱自己的人，要么过于依赖，要么过于控制，这样的方式都会使婚姻的天平失衡。

有的来访者说，我不知道我自己想要什么，我不知道我喜欢什么。这是严重失去自我的表现，要找回自我，就要通过专业心理疏导找到根源——是什么压抑了自我，清除这些心理障碍，慢慢找回自我。

❹ 伤自己最深的，是自己最亲的人

（1）我被她逼疯了

小沈比女朋友大四岁，他们相处一年，小沈觉得自己比女朋友大，平时一直都忍让，只要女友提出要求，只要自己能办到的，都尽量满足，也不挑她毛病。但女友的脾气太烂了，说话做事一点不顾及小沈的感受。这个小沈还能忍受，问题是女友平时太专横了，只要小沈做的事情有一点点不合她的心意，立刻生气，要么大吵大闹，要不几天不理，任小沈说尽好话也不行。小沈简直被女友逼疯了，明明是她的错还要强加到小沈身上，怎么说呢，反正都是她的理，小沈怎么都不对。

小沈说："可是她对她的朋友和亲戚家的哥哥姐姐都非常好，表现得温顺乖巧，能让她发这么大脾气的，除了父母就是我了。我真想不通，我连她的朋友都不如吗？"

小沈的女友为什么在别人面前很乖巧，我一位来访者留言大概能解释。她说，越是亲近的人我对他们脾气越不好，在别人面前我又没脾气，在别人面前从来不会说否定，也不拒绝别人，即使很不情愿。总是强迫自己在别人面前做到最好，总是害怕别人在背后议论自己。

在人际关系中，当我们委屈自己满足别人之后，很容易产生愤怒，愤怒累积在心里非常不舒服，需要一个发泄的通道。我们往往会找一个最安全，最不易受伤的对象来发泄自己的情绪。而这个对象就是我们的父母和爱人。

而且，关系一旦建立，我们对亲密的人要求也会随之提高，要求对方必须满足我们某种需要，必须按照自己说的去做等等，如果对方一有反抗，我们就会暴怒：你怎么可以不听我的，你到底爱不爱我！

在感情关系建立之初，女孩留给对方的印象非常好，她们温柔似水、活泼开朗、豁达大度，但是随着关系的建立和深入，女孩感觉对方已经对自己死心塌地，就会逐渐"放肆"起来，把男友或老公当作自己的父母，男友屡次忍让包容，会让她们自我催眠地以为男友会无限制地包容自己，永远不会离开，于是慢慢没了底线。

（2）我不想离婚，我只是想让你更在乎我

一位女性来访者向我哭诉，说她老公要跟她离婚，她接受不了。我问："你老公为什么跟你离婚呢？"她说："我也不很清楚，他外面也没有女人。就是我们每次吵架，我都会跟他提离婚，每次一提离婚，他就妥协。这次他说他受够了，非要跟我离婚。"

我明白了，在他们的争吵中，"离婚"两个字成了她制止战争最有力的武器。她屡试不爽，却没有顾及老公的心态在一点点发生变化。

我问："你真想离婚吗？"

她哭了："我不想，我根本不想离婚。我有上进心，在单位和家里我都做得不错。但是我更在乎他对我的态度，每次我感觉他不在乎我了，我就跟他闹，每次提离婚，我都希望他能抱住我，跟我说，我很在乎你，不要离开我。可是，没想到，他会把我的话当真，要跟我离婚……"

多数女人习惯用反语表达自己内心想法，她们说多次提离婚的含义是：我对你不满意，感受不到你的爱了，你一定要对我好一点。

我们上面说过男人是单向思维。女人多次提出离婚，其实是蚕食着男人的爱心和耐心，也就是说刚开始他们会因为不舍和家庭责任努力挽回，当女人一次次提离婚分手，他们的潜意识也会一点点接受离婚的事实。当女人的"武器"最后一次刺向他的时候，他很可能将累积的情绪爆发出来，很可能造成女人最不想看到的结果。

所以，不要轻易把"离婚""分手"挂在嘴边，更不要向最亲密的爱人随便发脾气，有什么要求直接跟对方讲出来，弯弯绕绕的游戏直接伤害的是自己的婚姻。

（3）外面"老好人"，家里是暴君

我的一位有严重厌学情绪的来访者说，自己的父亲在单位是中层领导，工作能力很强，对待上司和下属都有礼有节，没有人不说他好的。结果在家里经常挑剔指责妻子和孩子，达不到自己的要求就大发脾气。

这种"老好人"是具有典型的完美主义情结的人，他们非常在意别人的看法和评价，内心自卑胆小，很怕被别人指责和批评。因为别人的评价对他们来说，就是自己赖以存活的基础。一旦坍塌，他们就会觉得自己一无是处，甚至生不如死。

这种完美主义情结，源自内心的不安全感。童年经历中，父母的忽视或打骂都会让孩子安全感严重匮乏。他们的自我评价很低，这种感觉很不舒服，他们要依靠外界的评价来得到自我价值感。于是，他们不断地向外寻求别人的认可，从而让自己得到心理的满足。出于自我保护的需要，他们发展出一个模式——追求完美，他们做事、对人总是小心翼翼，力求完美，免得遭受别人轻

视和伤害。

但是，具有完美主义情结的人，他们在外面努力维持着好人形象，给自己的内心加了一层保护膜，以保护自己脆弱的心灵。在家里，他们卸下伪装，把自己在外面受的气发泄给最亲的人。意识层面感觉亲人不会背叛自己，所以肆无忌惮。更深层次来讲，这是完美主义者自我保护的另一种极端形式，他们用坏脾气维护自己的权威。越是缺乏安全感的人，越是在亲密关系中过分挑剔配偶和孩子，不能接受一点点反对的意见，不然就暴跳如雷，以此来维护自己尊严。

归根结底，老好人和暴君都是因为内心敏感脆弱发展出来的一种自我保护方式。

（4）为何总向亲密的人发火

动物心理学家曾经在实验室中对鸽子进行了一项研究。根据斯金纳的操作条件反射理论，如果鸽子"啄木条"时给予食物奖励，饥饿的鸽子可以轻松学会采用这种方式索要食物。哈维就是一只会讨食的鸽子。研究人员在鸽笼内放置一小截木条，每当鸟喙碰触到木条，一些谷物颗粒便会撒入其中，哈维就会得到食物。

研究人员在鸽笼内点亮一盏绿灯并供给食物，哈维表现得异常兴奋。然后研究人员把光线由绿变红，并且在哈维"啄木条"时不给予食物。多次训练之后，哈维学会了等待。虽然灯光变绿之后，它会讨取更多的谷粒，但是在红色光线的照射下，哈维表现得急躁不安。在等待灯光变绿的过程中，它不断地来回踱步，转圈，显得非常不耐烦。

接下来，研究人员把另一只鸽子和哈维关在一起。为了不干扰哈维的行为，这只未受过训练的鸽子双脚被牢牢捆住。哈维似乎对它漠不关心，只要绿灯亮起，哈维就自顾自地进行啄食，与这位新伙伴保持融洽的关系。然而，就在绿灯熄灭，红灯亮起之后，哈维瞟了一眼同伴，迅速杀死了它！

温顺的鸽子也有如此暴行，专家们震惊了。哈维把红灯亮起和不供给食物这个因果与旁边的伙伴联系在一起，暴怒之下杀死了同伴。

其实，我们每个人心中都有一个"哈维"，我们与别人，尤其是与亲密的人相处时，很容易表现出"哈维式"行为，遇到一点挫折和不如意，就会把怒火撒向他们。特别是一些要面子、在意别人评价的人，遇到挫折会压抑愤怒，回到家找个小由头把火气发给家人。

所有的情绪都来自于离异或尊严受损引起的心理失衡，失衡了，就要想办法平衡一下。和领导或同事发火？职位不保，公众形象受损；和路人发火？搞不好被揍一顿；唯有家人，是最安全保险的人，我们以为，无论怎样，他们不会离我们远去。有了这个心理保障，我们就会变得毫无顾忌。

而且我们还有一个很自以为是的逻辑：我本来就不爽，你为什么惹我。其实，这是迁怒于人的应急反应，在这种状态下，人的判断力会迅速降低，进入一个自我中心意识的误区。就是只考虑自己的利益，不会换位思考，固执地认为自己就是正确的，觉得自己的情绪都是眼前的人造成的。陷入自我中心意识误区的人很难控制自己的情绪，不能理智思考和判断。

* **解决之道**

亲密关系中，对待这样的人，我们一定要把握好分寸，坚持自己的底线，做一些必要的抗争。不要事事屈服，这样他们会变本加厉的。当然，如果我们能揣摩到对方暴戾背后的虚弱，能给予对方合理的爱，对方在感觉安全的时候，会表达出真实的自我。这样，两个人才能得到共同成长。

对于老好人来说，最好做到以下几点。

一是无条件接纳自我，接纳过去。要知道，过去已经无法改变，我们需要放下童年经历对我们的影响，接纳自己有一个这样的父母和家庭，接纳自己所有的不幸遭遇，不再与过去对抗。不再渴望从别人那里得到安全感，而是自己为自己营造安全感。当我们接纳了一切，我们的心灵会慢慢地平静。

二是要敢于面对内在的自我和内在需求，试着敞开自己，与亲密的人说出自己内心的真实感受。比如，不要顾及爱人会轻看自己，找一个两个人共处的私人时间，讲述自己的童年经历和内心感受。爱人的同理心和安慰是一种很好的疗愈。

三是适当表达自己的需求，而且要允许自己被否定。我们需要明白一点：我们表达自己需求的时候，别人拒绝我们，与我们本身好与坏没有什么关系，而与对方看问题的角度有关系。而且我们要明白，别人否定我们一个做法，不是否定我们这个人，我们不要以偏概全地认为否定自己一点就是否定我们全部。我们要学会全面地看待自己，扬长避短。

5 猜疑——婚姻的巨大杀手

（1）家里有个醋罐子

小F和妻子小艾都是独生子女，两个人很相爱，但是他们的婚姻生活非常不平静。

小F性格比较内向，恋爱的时候，他被活泼开朗爱打扮的小艾吸引，他非常喜欢小艾爱说爱笑的性格，觉得跟她在一起非常快乐。婚后，他看不惯小艾的性格，每当小艾跟其他男性朋友说说笑笑时，小F的心情就会非常郁闷。小艾看到他又不高兴了，就叫他"醋罐子"。小艾觉得老公吃醋是在乎自己，笑一笑就过去了。

一天，小F在路上遇到一个亲戚，亲戚问："怎么就你自己？我刚才好像看到小艾和一个人在一起，我们以为是你们两个，隔得远，叫了好几声也没理我。"小F听了之后很不是滋味，回去就试探问小艾今天干吗去了，跟谁在一起。小艾忍无可忍，冲小F发火，说他不信任自己，别人说一句话就猜疑她。

小艾的态度让小F更是不安，他认为自己随便问问，不至于让小艾有这么大的反应。更加觉得她心中有鬼，两个人大吵一架。

那次吵架之后，两个人冷战了半个月。后来，小艾跟同学吃饭回家晚了，小F知道小艾的前男友跟她是大学同学，心里很不爽，就指责小艾结婚了也不顾家，自己一个人出去潇洒。小艾不服气，跟小F又吵了起来，最后，小F说："你就是找借口出去找你的前男友……"

听到小F这样说，小艾一下子就懵了，她气急败坏地说："离婚吧，日子没法过了。"

（2）疑心生暗鬼

猜疑心理是心因性的神经过敏，属于偏执人格的特征。在恋人或夫妻相处中，猜疑的破坏性极强。比如上面案例中的小夫妻最终走向了离婚。

疑心生暗鬼，这个"鬼"就是猜疑者封闭性思路替代了正常思维，他给对方贴上一个假想的标签，然后猜想对方的心思和种种行为，以此来印证自己的怀疑是对的。对方无论怎么做都无法摆脱，就如"鬼"上身一般。

（3）远离过度猜疑的偏执狂

如果一个人过度敏感猜疑，就会成为偏执狂，这种疾病称为偏执型人格障碍，甚至形成偏执型精神分裂。

我的一位来访者小L向我哭诉，她和男友相恋一年多，刚开始简直是完美恋人，对她出奇地好。随着关系建立，男友越来越吃醋，天天打电话问她到哪里去了，跟谁在一起。回信息慢一点，就会怀疑她和其他男人交往。如果他频繁打电话小L不接，他就会暴怒，甚至动手。小L忍受不了，就去找其他男性朋友倾诉，结果他知道了，把小L往死里打，那次还惊动了警察。小L不敢与他分手，因为他威胁如果分手会杀了她和全家。

小L的男友就是偏执狂，他执着地相信自己的主观判断，敏感多疑，容易激动，以自我为中心，非常自恋，不择手段。根据多个国家的统计，情杀案件中大多数为偏执狂。

偏执者心中最担心的事情——爱人离他们而去——这是他们最不愿意的，也是最害怕发生的。他们毫无根据对一些自己看到的事，比如爱人不接电话、接到陌生电话、晚归等进行各种假设、猜想、主观加工。最可怕的是，他们对自己加工过的"事实"信以为真，内心的巨大恐惧转化成巨大愤怒，促使他们做出恶性杀亲事件。

（4）猜疑，重点不是猜，而是"往坏里猜"

猜疑如此可恨，为何我们却一直沿用这个心理机制呢？原因只有一个，它对我们是有好处的。

这是人类祖先用来保护自己的一种必要方式。最初，人要了解动物的规律才能获得更多的食物，才能活下去。后来，在人际交往中，通过某人的行为来猜测对方的想法来达到与人建立关系的目的。基于此，人类才有了更好的生存和发展空间。

一种心理机制，必然在一定的情境下起到积极作用，猜疑心理也是。所以，猜疑心理慢慢成为我们的集体潜意识，也就是说每个人都有或多或少的猜疑。

喜欢猜疑的人，如果有一次猜中了，会更加执着地相信自己的猜测是对的，即使对方已经改过自新，他们依然会深信自己的猜疑。因为他们无法确信对方能够让自己放心，而且从别人那里听来的一些负面信息更是让他们恐慌，于是，他们抱着"宁可错杀一千，不可放过一个"的心理，不断地猜疑追查。对方也会慢慢磨掉耐心，选择彻底离开。

我的一位来访者因为发现老公与女的暧昧聊天，大闹一番之后，老公保证以后不再这样。但是，好猜疑的她每次看到老公回家稍晚，就会质问他："你是不是又到外面找别的女人去了？……"结果可想而知，每次都会引起激烈的争吵，双方都会对婚姻失去信心。

如果过分相信我们猜测的事实，总想着要对对方时时敲打，避免他再犯错。这样，没有信任的婚姻就已经岌岌可危了。

（5）猜疑源于内心的自卑

适度的猜疑可以提高我们的辨识度，但是过度的猜疑就是缺乏自信、防御过度的表现了。

因为所有的猜疑看似是指向对方的行为，其实都是指向自己，害怕自己会失去婚姻和感情。

爱猜疑的人，对自己很多方面不自信，却执着地相信自己的猜疑。他们猜疑的内容都与被抛弃、被伤害有关。自卑的人，潜意识认为自己是没有资格得到爱，自己不值得被爱，最终是被抛弃的人。有了这样的自我预期目标，他们的任何想法都会指向这个结果。

对于猜疑心很重的人来说，你解释和反驳，他们就会更加坚信自己的猜疑："如果你是清白的，为什么这么着急解释，越解释越说明你心里有鬼！"若是你沉默，他们心里就会觉得："你不说话，就是你默认了。"

但并不是爱猜疑的人都会直接挑明自己的猜疑，他们会隐藏掩饰，说白了就是心里胡思乱想，让自己痛苦不堪，甚至罹患焦虑症、强迫症。

因为他们心里有更大的恐惧，怕自己说出来会更快地失去对方，因为他们把自己的幸福快乐，甚至把自己的一生都寄托在对方身上，失去对方的爱，就会崩溃。

自卑越重，猜疑心越重。对自己和别人的伤害也就越大。

* 解决之道

放下猜疑，学会相处

对于配偶不断的猜疑，我们可以采取以下策略。

配偶对自己的某些行为产生猜疑，我们需要耐心，向对方多说一些细节。比如，与某某一起去出差，具体做了什么事。或者跟某某朋友一起聚会吃饭，可以适当说一些聚会的内容，增加对方的信任度。

对于无端的猜疑，我们要看清并理解配偶猜疑背后的心理需求，对方无非是想要你多哄哄他/她，多爱他/她一点。我们可以多用言语和行动表达对他/她的爱，让他/她产生安全感。比如，在妻子因为猜疑发脾气的时候，作为男人给她一个强势的拥抱，她就会慢慢安静下来。

尽量坦诚。如果做的某事出发点是为了他/她好，那么我们就直接表达出来，不要因为对方的猜疑就闷声不响，这样会更增加他/她的猜疑。

自卑的人最怕被轻视，平时尊重他/她的感受，做一些决定尽量征求他/她的意见。

女人习惯扇形思维，看到一个点就会想到一个面，所以，女人也更容易猜疑。男人要理解男女之间的差异，尽量做到平静沟通，针锋相对的反击会造成婚姻危机。

如果我们自己是爱猜疑的人，怎么办？

多从积极角度考虑问题，不要沉浸在自己的消极猜疑里。如果我们确信自己的猜疑，就找到相关证据，不要吹毛求疵。

与理智的朋友交流，多参考别人的意见，不要陷入过度灾难化的强迫思维里。

❻ 家庭中的战争——吵架不是解决问题的唯一方式

（1）经常吵架让我心好累

小C与老公结婚两年了，经常为一些鸡毛蒜皮的事情吵架。因为孩子哭了两声小C没有立刻去管，就大吵一顿。其他诸如家务谁来做等，经常吵得不可开交。老公还总说小C笨，说自己这么聪明怎么娶了一个笨女人。这让小C很烦躁，每次都大吵一顿。

吵架次数太频繁，小C感觉心里特别累，她甚至想要离婚了，她怕自己哪一天会被逼疯的。

两个人过日子，不吵架的夫妻几乎是不存在的，多多少少都会有一些矛盾冲突。但过于频繁的争吵会极大伤害婚姻中的双方，更重要的是父母吵架对孩子影响极大，很难让孩子形成足够的安全感，变得自卑胆小，非常怕被抛弃，在人际关系中会过分讨好别人，压抑自己，形成一系列的心理问题。

（2）抗争的是态度，不是内容

每个人都希望别人围着自己转，服从自己的意愿和安排，否则，就会时常产生很大的愤怒。我们先看看人的怒气是怎么产生的？

我们对一个人或事有期望，如果人或事没有按照自己的意愿去发展，就会心理失衡，随即产生愤怒、委屈、伤心等情绪。

愤怒情绪一旦产生，如果不加以克制，必然会伤害到别人和自己。

比如一位丈夫工作了一天，饥肠辘辘回到家，心里特别期望妻子能在自己到家之后马上开饭。但是一进家门，看到妻子还在烧饭，期望落空产生失望和愤怒，于是明显带着指责的口气说："怎么还没有做熟饭，你一天都干吗去了？"

妻子知道丈夫工作一天很累，但是对于他的指责感到不舒服，不假思索地反击："一回家就闹脾气，我一天到晚就伺候你，没别的事了？"

丈夫于是更加恼火，大吼起来："连个饭都做不了，要你干什么！"

妻子也不示弱，声调高了很多："你说我能干什么，家里这么多事情都是你一个人做的？……"

争吵不断升级，最后一家人晚饭都没吃，吵到了半夜。

这样的情境也经常在家庭亲子关系中出现。青春期的孩子，心里明白父母是为了自己好，但是因为父母明显的权威口气，激起逆反心理，以反抗父母作为自己独立的宣言。

（3）鸡毛蒜皮，争的是控制权

在职场中，很多人削尖了脑袋想要往上爬，想方设法当领导，根本动力就是权力欲望。能把自己的意志强加给别人，能让别人俯首帖耳听命于自己，这种众人仰视的感觉极大满足了我们的心理需求。

夫妻关系中，争吵的核心就是争夺控制权。

比如，上面的案例中，小C的老公认为孩子哭理应妈妈去哄，还必须立刻哄，如果小C没有按照自己的想法去做，就会大发雷霆，指责小C。直到小C听从了老公，乖乖去哄孩子，老公才会罢休。老公发脾气，其实就是在给小C施加压力，逼迫她按照自己的意愿去做。

小C不想被老公控制，会跟他抗争："凭什么都是我在哄孩子，你就不能哄一哄吗？"

下面的争吵就会逐渐升级，直到最后有一方败退。

小C的老公向对方发脾气，指责对方的目的，就是希望赢得一个结果——你很笨，你什么都做不好，你必须听我的。

控制欲望强的人必然会在一些小事上寻找突破口，千方百计将自己的意志强加到对方头上。于是，鸡毛蒜皮的小事，就成了争夺控制权的主战场。

控制欲望，来源于原生家庭中与父母的关系模式。一种情况是一个孩子一直被父母或者其他亲人控制，他们内心就会产生很大怨怒和报复心理，在自己的新生家庭中，会刻意控制配偶，因为他们惧怕重蹈童年的覆辙，被自己的配偶控制。

另一种情况是，原生家庭中，父母过度宠爱孩子，完全满足孩子的所有愿望，孩子的喜怒哀乐都会牵动父母围着孩子转，孩子很容易形成以自我为中心的性格。所以，在新生家庭中，他们依然延续着这种模式，控制配偶按照自己的意愿行事。

但是，哪里有控制，哪里就有反抗。

如果一个人经常主动发起争吵，说明这个人有很强的控制欲望，他和配偶之间是单方面的控制和反控制的关系。如果两个人主动发起的吵架次数相当，说明这两个人都在努力争夺权力。

（4）适度吵架促进夫妻关系磨合

偏执的人通过指责、批评、暴怒、暴力或者自残来达到控制对方的目的。遇到偏执的伴侣确实是我们的不幸。可是，大多数人没有偏执的控制欲，他们会在亲密关系建立之后，试探性地争吵，想让对方听从自己。但是，几个回合之后，他们就会发现这样做达不到自己的目的，得不偿失。在试探性争吵中，双方都会触碰到彼此的底线，慢慢接受对方的优缺点，找到最适合彼此的相处方式。

也就是说，吵架的双方虽然都曾经想控制对方，但是知道这样行不通之后，他们就会放下控制欲，改用合理的方式沟通。

所以说，吵架也是磨合，是让双方真实的自我呈现的过程。因为关系建立初期，彼此都会把完美爱人的形象投射到对方身上，每个人都在与幻想出来的爱人谈恋爱、结婚。当看到对方与自己的完美爱人相差较大，会失望生气，会不断指责对方：你为什么会这样，你为什么不那样？我们渴望把配偶朝着完美爱人的方向改造，真实的爱人怎么可能愿意？同样，我们自己也不愿意被改造。经过一段时间的磨合、较量，最终双方建立了健康的亲密关系——看到对方真实的一面，能做到彼此包容尊重。

（5）因此，适度吵架，是增进夫妻感情的润滑剂

我们要学会有效地吵架。

吵架是一种特殊的沟通，如果能合理利用，就会产生"吵一吵，更亲密"的效果。

吵架时，我们要有一定的原则，要做到"几要几不要"。

一不要翻旧账，要着眼解决眼前的问题。

翻旧账，抛开眼前的问题，牵扯出之前的诸多事情和情绪，不但无助于解

决问题，还会让对方感觉自尊受到伤害，激起很大的愤怒，让矛盾升级。一定要坚守这个吵架原则，如果对方翻旧账，就告诫对方："我们只解决眼前的问题，不要提过去。"

二不要冷嘲热讽，要直截了当，用"我语句"表达观点。

一般，我们会自恋地以为：如果你爱我，即使我不说，你也该知道我想什么，要什么。当对方不能让我们满意的时候，我们就会很生气，又不便明说，就开始冷嘲热讽，指桑骂槐。但是，这样做很难让对方知道我们哪里不满意，想要什么，还会激化矛盾。要想解决问题，最好直截了当说出自己的想法或者自己哪里受到伤害，用"我语句"最有效，比如，"我觉得你伤害到我了""你今天做了某事，我感觉很不舒服""我是想让你安慰一下"等，直接表达自己的个人感受。

三不要拿对方隐私说事，不要说狠话气话，要维护对方的尊严。

如果不想离婚，我们就不能为了在吵架中取胜或者解气，说出一些狠话，或者故意拿对方的隐私刺激对方，这样会伤害对方的自尊，牺牲彼此的信任，给对方留下很大的心理阴影。保护对方的尊严，也是尊重我们自己，尊重我们的婚姻。

四不要打断对方，要给对方说话的机会。

如果我们在说话的时候被人打断，内心什么感觉，我们会觉得对方不尊重自己。所以，即使吵架，我们也不要轻易打断对方说话。再者，冷静地听对方说完，然后针对对方说话的内容进行澄清，即使反驳也要先理解对方想要表达的意思。等对方把话讲完，我们可以重述一遍，问他/她"你看我理解得对不对""你是否想要表达某某意思"等。其实，当我们重述对方意思的时候，对方已经能感觉到自己被理解，火气也自然会削减一些。

如果对方一直打断我们，我们就需要坚定我们的立场：你要想解决问题，就不要打断我。你要一再打断我,我们明天再谈。

五不要吵瞎架,要澄清事实,理清彼此需求。

吵架,可以让我们知道对方真正的想法,内心的需求是什么。这就需要我们澄清事实,比如,对方会说:"我觉得你越来越不在乎我!"我们千万别忙着反击:"我怎么不关心你了,你关心过我吗?……"这样的争吵是各执一词,拼命指责对方,两个人吵了半天,都没有弄懂对方真实的意思。我们应该冷静下来,向对方澄清:"为什么你这样觉得?我做了什么事情让你有这样的感觉?"弄清了对方的想法,也是在向对方解释自己为什么这样做,同时表达自己真实的想法,增进了相互之间的理解。

弄清了事实,我们还需要继续问:"我要怎么做才能让你感觉我在乎你?"这时候两个人就可以共同协商,找到最合理的解决办法。

六不要针锋相对,女人要学会适当示弱。

吵架就是你压制我,我反抗你的斗争,如果两个人看到彼此就不爽,遇到一点小事就发火,争吵就会永无止境,直到婚姻走向衰亡。

我的一位来访者说,自己和老公都没有婚外感情,可是遇到一点小事就吵架,一周小吵无数次,大吵两三次,身心俱疲,想离婚又舍不得孩子,觉得彼此还有感情。在帮她分析了问题原因之后,我让她回忆老公疼爱她的情景。她说,有一次,她工作了一天回家来,看到老公在厨房里做饭,她边脱鞋边弱弱地说了句:"老公,我好饿。"老公马上脸上带笑地说:"饭马上好,马上就可以吃饭了。"等她回屋换了衣服出来,老公已经把饭盛好。她说:"我觉得那一刻非常温暖。"

男人的骨子里有着大男子主义,不只是希望对方听从自己,更对女人有保护欲望。如果女人不进行强势攻击,用小女人的温柔争取男人的呵护和关爱,家庭的温馨和谐也就出现了。

七不要相互指责，要学会有品质地吵架。

会吵架的夫妻才会表达各自的需求，促进沟通。如果要吵得有品质，就不能使用一些攻击和指责的字眼。

在指出配偶不足的时候，尽量使用欲抑先扬的方式，比如，老公在厨房炒菜，妻子乐得清闲，走进去查看进度，看到灶台上一片混乱，好多厨具、蔬菜都摆上了台面。妻子如果说："看你把厨房搞成什么样子！"丈夫很可能会委屈又愤怒，或者直接走人。妻子可以这样说："哇，老公，你做饭就是香，我都忍不住想吃了。不过，台子上可够乱的。"老公估计不会等妻子来收拾，菜炒好了就会收拾好。即使老公不爱收拾，清闲的妻子可以把收拾厨房当作锻炼身体了。

另外，对方如果习惯大声咆哮，我们就要坚定立场，平静地回应："我没有办法接受你现在的态度，等你平静了咱们再交流。如果你不停止，我就立刻离开。"夫妻之间需要约法三章，规定各自的行为，比如当对方感觉自己情绪快要失控的时候，自动走开，等情绪平静之后再沟通。

❼ 打破中国家庭的轮回——破解婆媳关系难处的密码

孩子脱离母体,就开始探索外面的世界,走向独立。父母有养育孩子的义务,却没有把孩子绑在身边的权利。

可是,有的妈妈不愿意让孩子离开自己,即使孩子长大成人,娶妻生子,妈妈依然要与孩子住在一起。于是,衍生出中国家庭轮回——难处的婆媳关系。

(1) 夫妻关系决定婆媳关系

父母与孩子是铁三角的关系。而这个铁三角最重要、最坚实的边框不在于父母与孩子之间,而在于夫妻之间。如果夫妻相爱,父母都爱孩子,这个家庭的每个成员都会内心和谐平静,关注各自的成长,维护彼此的关系,家庭铁三角的稳定性才会更强。

假如,夫妻关系远不及亲子关系(包括公婆与丈夫、岳父母与妻子、妻子与孩子、父亲与孩子),家庭就会发生严重失衡,很可能出现我们中国特有的家庭矛盾——婆媳矛盾(包括岳父与女婿的矛盾)。

一位中年母亲抱怨说儿子有了女朋友,结婚之后对媳妇百依百顺,开始不听自己话了。这位母亲猜疑儿媳妇在唆使儿子疏远自己,于是多次到儿子家无理取闹。有一次还谎说自己有病，要住儿子家，要儿子伺候她。

　　这是位任性而强势的母亲，因为在家庭中丈夫无法满足她的感情需要，或者丈夫无能让她失望，或者丈夫冷漠忽视她的感受，于是她把全部的爱转移到孩子身上。她把儿子当作自己的"精神伴侣"，如果儿子长大了，要去与其他女人建立亲密关系，因为其他女人对自己疏远，她最难以忍受。她会有意无意与儿媳竞争，认为自己为儿子付出很多却被儿媳夺走儿子的爱。于是出现一些极端行为，比如说儿媳坏话，用孝顺威胁儿子听自己的话，甚至用自残、自杀等方式争夺儿子的爱。

　　儿子多年来一直把母亲当作自己最亲的人，当母亲与妻子产生矛盾，他们不忍心"背叛"母亲，对妻子一再表明：天下无不是的父母，你如果爱我就要容忍母亲等，甚至不惜与妻子争吵来维护对母亲的忠诚。

　　这是婆媳关系一直难以根本解决的心理原因。

　　其实，我们说的婆媳关系，其实并不是婆婆和媳妇之间的关系，而是婆婆和媳妇争夺一个共同男人导致的冲突。

　　作为婆婆，我们一定要明白，夫妻关系大于亲子关系，丈夫才是我们最重要的人。如果第二重要的儿子离开，去建立自己新家庭，我们不应该过度悲伤。我们应该知道，孩子长大必然离开，我们是与丈夫相伴一生的人。而且，我们会祝福儿子媳妇生活美满幸福。

　　作为儿子，我们一定要明白，父母是陪伴和照顾我们成长的人，不管我们多爱自己的父母，当我们长大了，就应该有自己独立的家庭，独立的生活。真正的孝顺不是与母亲无限牵连，而是让母亲明白，我们长大了，有自己的家庭了，你也要与父亲过好自己的生活。

　　这个过程虽然痛苦，但是一定要做到真正意义上的"断乳"。

（2）"愚孝"导致婆媳关系恶化

　　一位愤怒的来访者向我咨询，她说，她的婆婆控制欲太强，自己生孩子的时候婆婆伺候月子，婆婆总要管着，说这个不行，那个不允许，连给宝宝喝口水她都要干涉。后来，不住在一个地方，婆婆还通过电话和视频来遥控她的家庭，什么都要管，包括家里炒菜放多少油，拖地用什么拖把，孩子买什么样的玩具和衣服等。而且，婆婆还经常说，街坊邻居都说别让她要这个儿媳妇了。让她最难以忍受的是，婆婆对自己这样，她稍一反驳，就会受到老公的责备，说对老人要尊重，不应该大声说话，非要她给婆婆道歉。有一次甚至公公和老公一起说自己。她说自己都快被逼疯了。

　　很明显，这位婆婆有着很强的控制欲望，儿子一直听她的话，而她也一直标榜自己的儿子孝顺自己。当妻子对他说出婆婆在控制自己的时候，他就会好言哄妻子听母亲的话。因为他知道母亲是家里的权威，他是不敢说半个"不"字的。于是，愚孝的观念和怕被母亲抛弃的恐惧使他百般维护母亲。

　　妻子感觉非常不舒服，感觉自己受到了强烈的控制，违背意愿做自己不愿意做的事情。丈夫也感知到这一点，所以好言劝说妻子听从母亲的。一旦妻子态度不好，他立刻就会变得态度坚决，只对妻子讲不要违背孝道，不会理会妻子是否受委屈。

　　丈夫的做法让妻子很受伤，她抗争也没有用，这让她感到非常孤独无助。对婆婆讨厌到了极点，对着我愤愤不平控诉了好久。

　　其实，问题的焦点不是婆媳问题，而是夹在中间的男人，他的愚孝导致了偏袒，让婆媳矛盾不断升级。

　　我生的儿子不是我的，是婆婆的儿子。

　　小昆生完孩子，本来不错的婆媳关系一下子紧张起来。小昆身体不是很好，晚上婆婆带孩子睡，一般孩子饿哭就会抱过来给小昆喂奶。后来孩子半夜再哭闹，她没有把孩子抱过来，而是把自己的奶头塞给孩子，这让小昆感觉非常难受。后来小昆以孩子半夜要喂奶留下孩子，婆婆一夜跑过来好几次，在小昆喂完奶之后把孩子从小昆怀里强行抱走，说她看不到孩子心慌，睡不着。小昆急哭了，老公安慰她婆婆是怕她休息不好。

孩子长大一点，婆婆几乎成了孩子的妈妈，什么都管，穿衣、喂饭、哄着睡觉等，小昆感觉自己这个当妈的跟多余的一样，好像儿子是她生的。"每次我刚抱过来一会儿，她就找各种理由把孩子抱走。"小昆感觉非常不舒服。

几年之后，小昆为孩子的教育和学习终于与婆婆发生了激烈的争吵。

小昆的婆婆与很多祖父母一样，对孩子都是"隔辈亲"，但是，小昆的婆婆做得有些过分，她"霸占"了孙子，把儿媳妇排除在外。

有几种可能：

一种情况可能她从心里没有接受媳妇是自己家的人，努力维护着血缘之亲。潜意识里，她可能还有恐惧，害怕媳妇会与儿子离婚，带走自己家的宝贝孙子，所以未雨绸缪，先把孩子据为己有，疏远孩子与母亲的关系。

另一种情况可能是儿子是他的最爱，爱孙子，就是对儿子爱的延续。或者自己年轻的时候对儿子没有给予充足的爱，心中有愧疚，希望在孙子身上进行补偿。

还有一种情况是"隔辈亲"的心理机制。祖辈已经在人生路上走下坡路了，孙辈如旭日东升，中老年人对生命的渴望希望能在孙辈身上得到延续。孙辈与祖辈，一个渴望爱，一个付出爱，孙辈得到爱抚，祖辈得到绕膝之乐，相得益彰。而祖辈与子辈容易在价值观念、生活习惯等方面产生矛盾，而孙辈不会违拗自己的意愿，互不设防，祖辈对孙辈的爱更是欲罢不能。他们怕孙辈跟自己不亲，就会有意识排斥孩子妈妈。但是祖辈潜意识知道，自己对于孙辈不承担教育的责任，所以很容易形成溺爱。这也是婆媳对于孩子教育产生矛盾的原因之一。

（3）依赖婆婆又厌恶婆婆

小左生了孩子之后，婆婆就到城里来伺候她。但是她却对婆婆的一些习惯非常不满意，比如婆婆会为了一件事唠叨好几遍，不太讲卫生，买东西不舍得花钱等。小左是城市里出生的娇娇女，婚前就对农村的婆婆不太满意，还因为买房子填户主的事情闹过矛盾，但是因为老公对自己好就结婚了。生孩子之后跟婆婆朝夕相处，小左实在忍不了了。但是没有办法，自己要上班，孩子要婆婆照看，对于婆婆，小左又依赖又厌恶。进了房间跟老公发牢骚，惹得老公不高兴，觉得小左看不起自己的母亲。

一方面想要婆婆帮自己带孩子，一方面又嫌弃婆婆身上的坏习惯，这是很多现代媳妇共同的心理。因为在自己家里，从小到大，父母对她们呵护备至，形成了她们以自我为中心的性格，喜欢依赖和享受，觉得别人为自己付出是理所当然的，必须围着自己转，达到自己的满意，因此对婆婆既依赖又挑剔。

媳妇希望婆婆既能帮助自己，又不打扰自己的生活节奏，这样高的要求恐怕神仙也达不到，花钱请一个保姆可以解决问题，不过又担心保姆拐骗孩子或对孩子不好。说白了，媳妇最希望达到的境界是：我上班或者想休息的时候，婆婆帮我带孩子，我放心；我下班或者不需要婆婆了，婆婆就立刻消失。

（4）自己的家庭自己做主

健康家庭永远有一条不变的定律——家庭中第一位是夫妻关系。

但是很多人不懂得这个定律，尤其是婆婆，不懂得与儿子分离，总觉得孩子没长大，需要自己照顾，甚至为了争夺儿子的爱，与儿媳为敌，有的极端婆婆还会唆使儿子与儿媳离婚，最后搞得家庭破裂。

儿子也不懂这个定律，愚孝的观念束缚了思想，没有原则地迎合母亲、压制妻子。

婚外情，对配偶不忠。

（1）什么样的男人无担当

一个男人有没有责任感，要看他界限感是否清晰，也就是说他做事是否有分寸，能否懂得是非。

如果恋爱期间他们对我们无限宠爱，无论我们提出什么要求，甚至无理要求他都答应，对我们百依百顺；如果我们要分手他们用极端方式，比如自杀、自残等来挽回感情，这样的人很可能是没有自我、界限感混乱的人，他们不会控制自己的情绪，很难拒绝诱惑，不能为自己的言行负责，他们做事极端，不懂拒绝，优柔寡断，没有主见。他们一般长着一张巧嘴，会让我们周围的人对他产生极好的印象。但是因为他们做事没有原则和分寸，在婚姻中因为夫妻间产生一些矛盾，他们会在婚姻之外寻找感情慰藉。

还有一种男人，由于小时候父母溺爱，形成严重的依赖心理。这些被惯坏的男人，怕苦怕累，做事没有持久性，只懂得安逸享受。因为太依赖别人，一般没有一技之长，很难在群体中得到别人的尊重。在工作和人际交往中遇到一点挫折就在家逃避，心安理得地"啃老"。有的三十几岁的夫妻带着儿子，一家三口靠父母的养老金生活，父母怎么劝说都没用。

自卑感严重的男人缺乏责任感。一个人的自卑感是由多种原因导致的，主要包括家庭环境、父母教养方式和成长经历等。自卑感严重的人，潜意识会认为自己没有能力做好，没有能力承担责任。他们以为，只要把将来的事情都考虑到了，做好了准备，就可以应对了。但是，事实正好相反，他们会把未来想得过于灾难化，所以自己被自己的这些灾难化想法所打击，不敢去尝试，畏首畏尾，严重者产生强迫症状。几乎所有的神经质症患者都过度自卑，觉得自己无力担当，不敢承担将来发生的不好的结果。

缺乏责任感的人一般会逃避现实，很容易沉迷网络游戏、赌博、嗜酒，或者沉溺在自己虚构的世界里。

还有一种情况，男人女人都可能会有，那就是觉得自己不够爱对方，认为不愿意为对方付出，不想承担家庭责任。因为责任感是一种付出，是经济、情感、行动上的付出，如果对方没有不良嗜好，但是慵懒散漫，有可能是因为内心认为"不值得"。这样的想法阻碍了他们的思想和行动。

（2）过度责任也是缺乏责任

小周最近很苦恼，因为妻子小吴已经好多天没回家了。小周很清楚并不是妻子有了外遇，而是在忙娘家的事。

说起小吴，她也是一肚子苦水。她是家里的长女，下面有两个妹妹，一个弟弟。父母经常吵架，每次都要小吴叫回去劝架。不仅如此，弟弟妹妹家有点事，比如两口子拌嘴，孩子没人接，都要给小吴打电话。不管当时小吴在做什么，总是事情一放就立刻赶过去。

小吴一回来，就会喊腰酸背痛，心疼妻子的小周一边给她按摩，一边抱怨。小吴不耐烦被说，两个人总是冷战。

小吴是一个好女儿，好姐姐，娘家人的主心骨，在邻居眼里，她是一个非常热心的人。实际上，小吴的做法，不仅没有让父母和弟妹的日子过得幸福平和，反而问题越来越多。弟弟妹妹的家里不太平，小周和小吴也吵架，孩子的成绩也下滑了，老师打来电话说孩子上课用手机上网。

为什么会这样？小吴又累又困惑。

其实很简单。每个人都应该为自己负责，为自己的家庭负责，解决问题的过程也是自我成长的过程。但是小吴的介入，他们会把自己该负的责任推到小吴身上，指望着小吴帮他们解决问题，处理矛盾，不会自我反省，找到自身的问题。这样的话，小吴就剥夺了他们成长的机会。

而且，小吴对别人负责的时候，自己的家庭责任就难以承担了。不仅影响了夫妻感情，而且孩子也没有了管束，放肆散漫。

最后，小周和小吴一起进行心理咨询，我帮他们分析了婚姻中存在的问题，指出小吴的过分责任感对家庭的伤害。小吴认清了自己的问题，决定回归家庭，担起自己该承担的责任。

（3）拿这样的男人怎么办？

有一对夫妻，妻子抱怨丈夫什么都不干，在家里衣来伸手，饭来张口，好像自己是家里的老妈子。丈夫也有满腹的委屈：我拖地，你嫌我拖不干净；我买菜，你嫌我买的菜贵。我做啥你都挑毛病，那我还做什么！还不如出去和朋友待着清净。

男人怕女人挑毛病，干脆就不干了。在某种程度上讲，是女人缔造了不负责任的老公。

因此，培养老公的责任感，需要女性的耐心，就像对待几岁的孩子一样，适当多鼓励和赞美。比如他下班的时候打电话让他帮忙买菜，买回来之后不要挑三拣四，要及时鼓励，"老公越来越会挑菜了"，"这次的西红柿买的真好"。长此以往，被赏识的老公会越来越对家庭负责的。

要适当示弱。男人有保护女人的天性，女人适当示弱，可以激起男人的保护欲。

要让他多做决定。家庭中大事小情都需要做出选择，我们最好尝试把决定权教给他，让他对一些事情做出决定，自己做主来处理一些事情。

可以试着交换工作。网上一则新闻，说是一个荷兰的男人体验女人分娩，痛得哇哇大叫，呼吁男人尊重女性。我们也可以通过沟通交换工作，比如爸爸照顾一天孩子，妈妈去外面工作一天。体验对方的工作，就会让各自明白对方所处的环境和心理状态，增加理解，增强彼此的家庭责任感。

夫妻之间应该相互体谅、照顾，做事情不要只站在自己的角度考虑，放低音量，放缓语调，平等沟通，不要想着去压制对方，战胜对方，慢慢培养他的家庭责任感。

对于依赖心过重、贪图享乐的男人，我们绝对不能纵容，把他应该承担的家庭责任说清楚，必须让他去做事。这样的人最没有意志力了，遇到一点挫折就放弃，我们一定要让他明白，他没有尽到他的责任，该有什么样的惩罚或结果。如果屡教不改，我们就可以做出自己的选择，不要犹豫。

第五章
婚姻期的心理分析
—— 婚姻问题的深层探究

1 "七年之痒"的真相

何为"七年之痒"?

"七年之痒"是一个舶来词,原意是许多事情发展到第七个年头都会出现一些问题。感情、婚姻、生活、工作都如此。现在人们常用来形容感情和婚姻方面出现的问题。

出现"七年之痒"关键在于人们的厌倦心理,也就是审美疲劳。两个人在一起久了,难免会出现烦躁、无趣的心理,也因为这种心理滋生出一些其他的想法。

其实,所谓的"七年之痒"并不是第七年才会爆发问题,也就是说,问题早就存在,只是平时都在忍耐控制,希望通过自己的一些努力改变现状,只是在六七年之后,一方或者双方都不想再忍,终于爆发。

(1) 女人心中的"七年之痒"

① 从甜蜜的蜜月期到缺点暴露的平淡期。

结婚之前他对我百依百顺。

我生气了会哄我。

第五章 婚姻期的心理分析

> 他之前对我各种好……

恋爱期和结婚初期的美好会让女人一辈子也不能忘，总是记在心里，挂在嘴上。对比眼前越来越懒惰、越来越冷漠、越来越没有情调，暴露出一大堆毛病的老公，产生很多不满意，感觉自己当初看走了眼，嫁错了人。

其实，不是嫁错了人，对方也没有越变越差，只是之前我们看到的是热恋期的男人，积极热情，对我们无限地好。因为没有天天在一起，我们发现不了他不爱洗澡、爱玩游戏、爱发牢骚、脾气暴躁的坏习惯，我们误以为这就是真实的他。随着时间推移，他的缺点暴露出来，不！是真实的他呈现在我们面前，我们心理上产生了巨大的落差。

因此，有的人认为，两个人认识的时候，把自己的缺点都暴露出来，如果对方能接受，那么在相处中会慢慢让对方发现自己的小优点，对方就会感到自己超出了他的心理预期，感情会更加稳固。

② 对未来美好憧憬的破灭。

步入婚姻的殿堂，每个女人都怀着美好的憧憬，执着地相信自己和王子从此过上了幸福美好的生活。但是，生活不是童话，柴米油盐、婆媳相处、孩子学习、供房养车、观念冲突等一系列问题都会让我们身心俱疲。看看周围朋友过的日子，想想之前自己单身时候的自由自在，压力倍增。而且，当初你们两个一起构想的幸福生活已经无影无踪，加上老公对自己不理解、不关心，感觉自己的世界好像没了支撑，总觉得这不是我想要过的生活。

③ 难以割舍的是孩子。

生活不如意，老公不知道心疼自己，吵来吵去的日子让人疲惫不堪，想趁自己年轻开始新的生活，但是最难割舍的就是孩子。有的女人为了孩子凑合过下去，有的女人会拼命争夺孩子的抚养权，搞得关系更僵，孩子也受到伤害。

（2）男人心中的"七年之痒"

男人在婚后或者恋爱后三年、七年、十年的时候，总会有"出轨"的想法。很多人都说"男人是下半身思考"的动物，也有很多女人认为男人是视觉动物。其实，我们把个别男人的行为整体化了，这是一种以偏概全的说法。到底男人的心中之痒是怎样的呢？

① 情感得不到满足。

很多人都说男人出轨是为了性，其实科学数据表明，8%的男人是因为生理欲望寻求婚外情，而48%的男人是因为情感得不到满足才寻找婚外感情的。

很多抱怨、挑剔、强势的妻子是把丈夫"逼"出去的。因为男人不善于表达情感，吵架吵不过女人，又不敢动手，只能从外面寻找慰藉。

因此，男人也是情感动物，他们需要得到妻子的欣赏，希望自己在外面打拼之后能得到妻子的理解和认可。但是男人不能像女人一样撒娇，他们需要树立坚强的男人形象，所以，他们的情感需求很容易被忽视。很多女人认为，男人是自己的大树，为自己遮风挡雨。但是很多女人不知道，男人的内心也很脆弱，需要女人的呵护和体贴。

② 人到中年的危机感。

年近不惑或年已不惑的男人，潜意识会有莫名的恐慌，因为他们意识到青春将逝，很渴望抓住青春的尾巴。而一场激情澎湃的恋爱会让他们重新感觉到生命的活力。

事业有成的男人更容易产生这种危机感，妻子要有意识地关注丈夫的思想动态和言行举止，制造更多的机会填补他的情感空白。

③ 家中有能干强势的妻子。

传统中国家庭是男主外，女主内，然而现代社会给了女人很多机会，女人也越来越能干。女人的职位和工资远远超越男人，男人成了女人的附属品。尤其是女人会把工作上的作风带到家里来，很容易使男人心中产生自卑感，转而到外面寻找小女人以找回做男人的感觉。所以，很多男人的婚外情对象各方面条件都不如正妻。

女人最好在外面叱咤风云，在家里做一个"小女人"，维护男人的自尊心和自信心，使家庭得以稳固。

④ "近墨者黑"原理。

与经常出轨的朋友在一起，潜移默化之下，会让男人觉得找情人是正常的事情，他们潜意识会给自己催眠：我朋友都是有能力的，有能力的男人被很多女人喜欢很正常，有情人说明有能力。男人都有成功欲望，加上这样的想法，心痒的程度就会增加80%。

（3）丧亲之痛引起心中之"痒"

小凡的母亲患急病离开自己，32岁的她接受不了这个事实。虽然老公也极力安慰她，但是一个月后老公因为工作忙，就失去了原有的耐心。小凡白天好好上班，下班之后回到家，心中总会泛起莫名的伤感。为了让自己不再沉浸在痛苦里，小凡找人聊天，倾诉失去母亲的痛苦。在众多网友中，有一个叫"汪子"的男网友时常倾听和安慰她，慢慢地，小凡的心里开始有了变化。两个人开始见面，吃饭，还没有发展到情人地步，被老公发现了。

女人的心很敏感，遇到丧亲之痛的打击，她们需要更多的呵护和关爱，男人站在自己的角度考虑，认为事情已经过去一段时间了，应该没事了。加上工作压力、生活压力，不能给予女人细致的呵护，这就增加了女人在外面寻找安慰的机会。

在亲人去世之后，男人和女人都需要情感支撑，只是男女的表现形式不同，男人会流着眼泪做爱，女人会寻找情感依靠。因此，配偶要想避免七年之痒，应该了解男女之间的这个差异。

（4）七年之痒——幻象破灭，直面真相

一位女性来访者小W留言说：我家里有两个姐姐，母亲生下我，本指望我是男孩儿，父亲在第一眼看到我的时候，扭头就走。甚至想着把我送人，后来在母亲坚持下才没有被送走。

记忆中父亲几乎没跟我说过一句话，长大后我谈恋爱了，家里死活不同意，因为对象比我大好几岁，还比我矮。我放弃了很多工作机会跟他在一起，就是因为他对我好，能给我很多关心。

我们结婚后日子过得紧巴巴的，为了生活，他拼命工作，对我关心越来越少。十几年了，我也跟他吵过闹过，但是没有用。我在怀疑，是否我当初看错了，他本身就是一个冷漠的人呢？

我们多次提到，0~6岁是人格形成的关键时期。在这个时期，或者说在小W的整个成长期都没有得到父爱。而恋爱期是人的第二次重生，她希望这次找到的恋人能填补自己巨大的心理空洞。也就是说，她在寻找一个父亲的替代，满足她内心对父爱的渴望。

但是，恋爱和婚姻其实是一种重复，重复童年的快乐，或者重复童年的痛苦。在意识层面小W找到的是一个完全与父亲不同的人，但是，潜意识里，她还是在找与父亲相似的人。熟悉的感觉有着巨大的诱惑力，让小W深陷其中。

结婚几年之后，小W出轨过一次，她一直在寻找一个为了爱不顾一切的人，但是实际上她再一次失望了，她的幻象破灭了。

七年之痒，让小W开始重新审视自己的婚姻。接受心理咨询之后，她触摸

到了自己内心最深处，经过情绪疏导和一系列调整，她才能真面现实，正确看待老公，尊重他是一个独特的人，有着自己表达爱的方式，不是她所期望的那样。我教给她察觉老公对她的爱，然后逐步培养自己的安全感。

（5）破解夫妻"七年之痒"的密码

七年之痒，成了婚姻的魔咒，我们要想摆脱它的束缚，就要破解它的密码。

① 不要试图改变对方，要改变自己。婚姻之中，我们总是把责任推到对方身上去，觉得都是他/她的过错。总是努力地去改造对方，但是改变别人是不可能的事情，对方不可能轻易听我们的。所以，改变自己吧，让自己变得有情调，有魅力，变得积极乐观，成为一个快乐的人。

② 不要总是盯着对方的缺点，要多表扬对方的优点和付出。当婚姻进入平淡期，我们会更多地盯着对方的缺点，无限放大对方的缺点，我们有一个潜意识：婚姻之所以会这样，都是你的缺点造成的，你改正了你的缺点，我们的婚姻就会有转机。于是，我们批评、指责、数落，但是除了关系越来越僵，把他/她推得越来越远，没有任何好处。所以，我们要像对待自己的孩子一样，多看到对方的付出和优点，我们不仅会轻松下来，家庭氛围也会融洽很多。

③ 给双方足够的空间。步入平淡期，不要拿过去说事，"之前怎么怎么样，现在你怎么这么对我？"要降低对对方和婚姻的要求，允许对方有自己的空间和朋友，不要因为对方没有满足我们的要求就生气说"你不爱我了"。我们要理解平淡期的爱，是陪伴、信任、包容、尊重、体谅，更多的是亲情和责任。

④ 不要因为孩子冷落了丈夫。有些丈夫内心还没有长大，潜意识里面会

与孩子争宠,当我们只顾孩子,忽视了丈夫的情感需要,他有可能在外面寻找感情慰藉。很多妻子孕产期出轨的丈夫一方面是满足性需要,一方面是填补情感空白。因此,足够成熟的妻子一定要兼顾到丈夫心理需要,要抽出时间陪丈夫过二人世界,同时通过言语鼓励把他提升到父亲的位置上来。

另外,良好的沟通也是促进夫妻感情的密码。沟通原则和技巧我们会在后面详细介绍。

❷ 你越界了！夫妻之间要有"界限意识"

冰封大地的冬天，一群豪猪挤在一个并不温暖的树洞里，天实在太冷了，豪猪拥挤在一起，它们要依靠对方的体温温暖自己。但靠太近了，对方身上的刺刺痛了自己；离远一些，温暖随即跟着离开。于是，豪猪们频频调整彼此的距离，当一个最适合的距离出现，它们不再靠近和离开，这距离带不来伤也仍会感觉到对方的温暖，它们就这样度过了一个温暖的冬天。

朋友、恋人、夫妻相处都需要一个磨合的过程，双方需要不断试探对方的边界，当摸清了对方的边界和底线，我们就能在合适的距离与他/她和睦相处了。

（1）中国人普遍缺少界限感

有清晰的界限感，就会尊重自己和别人，不会产生过多抱怨，因为他们对别人没有太高期望，懂得即使对方拒绝自己也理所当然，他们会选择其他途径满足自己的需要。

而中国是一个重亲情的国家，早期教育中，孩子跌倒了，大哭，父母本可以让孩子自己爬起来，但是中国父母通常的做法是：抱起孩子，一边安慰，一边用脚踩地："踩死它！谁叫你绊倒我们宝宝。"

本来是安慰宝宝，中国父母却无意识地入侵了孩子的界限，限制了他们的独立，更让他们学会了推卸责任。

有一位来访者，小时候父母、祖父母过度溺爱，完全剥夺了她的独立生存能力，形成了她以自我为中心的性格，在家里她对家人呼来喝去，大喊大叫，完全没有界限感。进入社会，没有人吃这一套，遇到几次挫折之后，就逃避在家，整天对着父母发脾气，觉得自己这样完全是父母的错。

孩子慢慢长大，青春期的孩子有了独立意识，开始维护自己的边界，父母不许管自己学习和恋爱，要自由空间，但是一方面又依赖父母，希望父母帮自己摆平闯下的祸。尤其是青年期的孩子，一边大声对父母宣告："我嫁给谁是我的事，你们不要管！"一方面让父母帮着找工作、买房子、办婚礼。在这种模糊的界限中，父母非常迷茫，不知道什么该管，什么不该管。

究其根本，是因为父母当初没有给孩子建立合理的边界意识，没有让孩子明白什么是自己的事，该如何对自己负责。

中国父母无私的奉献精神"害"了孩子，长大成人的孩子也会把这种模糊的界限带到恋爱中，于是经常见到恋人之间分分合合、争吵不断，以极端方式威胁等现象，甚至出现恋爱不成杀害恋人的悲剧。

是时候建立我们的边界意识了！明白什么是自己的事、别人的事、老天的事。守住自己的边界，对自己负责，不侵犯别人的边界，尊重对方的选择。

（2）越界，引发痛苦

小琪嫁了离异的小M，从结婚开始，他们的日子基本就没有平静过。原因是小M的前妻总是跟他联系，因为女儿判给了前妻，前妻总是打着女儿的旗号给小M打电话。每次一打电话来，小琪就很不舒服，但是小M心疼女儿，总是第一时间跑过去处理。为了方便女儿上高中，小M把自己一套房子卖了，房款的一半给了前妻。没有想到前妻会拿着这笔钱买了一辆车自己开着，这让小琪大为恼火，与小M大闹一场，并提出离婚。

小M离婚后依然与前妻频繁联系，多次突破小琪的心理边界，前妻不断以各种理由"敲诈"情感和金钱，小M因为心疼女儿多次忍让纵容她，而前妻的入侵和小M的妥协不断突破小琪的婚姻边界，婚姻亮起红灯。

一个人的心理边界是指自我存在所需要的空间、时间、自我意志、自我责任、个人主权、情感距离、物理距离等，心理边界包含物质和精神的需求，还包含责任意识。夫妻，离异夫妻，都应该知道自己的边界是什么，对方的边界在哪里，守护好自己的边界，尊重对方的边界，才能建立和谐平等的关系。

有"弱能助恶"的道理，人的劣根性就是被纵容之后才会一点点显露出来的。显然，对于小M前妻的侵犯，小M没有守住边界。一次次满足前妻的过分要求，致使前妻变本加厉。而前妻明显带有报复心理，或者想把小M夺回去，看到小M家庭动荡，她内心不但有报复之后的快感，而且对于与小M复婚重新燃起希望。

对于小M来说，守住边界是第一位的，必须明确地给前妻划出一条明确的界限：对女儿，我会尽抚养义务，我会定期去看女儿，我会把抚养费打到指定账户上，请你不要随便给我打电话或发短信。

如果前妻再有"骚扰"，一定不能让步，要义正词严表明自己的态度。

（3）把对方看作一个人

站在我们面前的，是一个人。

对！是一个人，是一个四肢健全的人。但是我们很难把他当作一个完整的、独立的人来看。父母很容易把自己的孩子当作附属，认为孩子必须听我的。一位妈妈，因为自己三岁孩子不听话，让他过来，他偏要跑远，妈妈非常生气，跑过去狠揍孩子一顿。妈妈的意思是：你是我生的，就要听我的，不听我的，我就要惩罚你，直到你听我的。

家庭里，夫妻之间也很容易无视对方的存在。晓慧有一个很不幸的家庭。父亲赌钱、喝酒、经常出轨，最后父母离婚。几乎没有得到父爱的晓慧不顾母亲反对嫁给了来自农村的老公，因为老公对她好，让她感到了从来没有过的温暖。但是结婚后，老公因为忙于工作，对她关心少了，她非常伤心，觉得老公不爱自己了。于是不断怀疑老公，查他的手机、微信，发现一点蛛丝马迹，就整夜逼问老公，最后搞得老公不敢回家，住在单位宿舍里。

晓慧内心太缺乏安全感，把老公当作父亲的替代，她无休止地从老公那里汲取童年缺失的父爱。当老公忙于工作，对她有一点点冷淡，就会激起她童年被抛弃的痛苦感受，于是跨越了彼此之间信任的界限，不断向老公索取爱。

晓慧应该明白，老公不是自己的父亲，他是一个人，一个有着独特的家庭背景、成长经历、价值观念、思想性格的人。他因为爱才会对我们好，当我们一次次跨越边界伤害对方的时候，对方对我们的爱也会一点点消弭掉。

所以，把他看作一个人，尊重他所附带的一切，包括他的人格、工作、私人空间、兴趣爱好、行为习惯、亲戚朋友等。我们也要维护好自己的界限，告诉他自己希望他怎么做才会感受到他的爱。

（4）夫妻间应保持的心理边界

英国剑桥大学教授布洛曾提出"心理距离说"。布洛认为，审美活动首先要使对象和现实的主体相脱离，以一种超出个人的需要去观察对象。意思是，必须在主体和对象间保持一定的心理距离。如果距离太大，主客体脱离联系，引不起审美体验；如果距离太小，主客体过于贴近，也引不起审美体验。

第五章 婚姻期的心理分析

打个比方，每个人是一个独立的圆，从相识到相知，再到结婚，就是一个圆与另一个圆从相离、相切到相交的过程。彼此相交多少才最合适呢？最好相交50%左右的面积。这样的相交既能保证两个人在共有空间活动，又能保持各自私人空间的相对独立。彼此维护好自己的心理边界，相互尊重，相互包容，才能营造良好的夫妻关系。

夫妻之间应该在哪些方面保持自己的心理边界呢？

① 夫妻一方与异性保持频繁联系，发展较深的交往显然是不合适的。联系紧密代表关系亲密，感情的事情是无法估量的，不管对方解释得多么合情合理，但是夫妻双方要维护好这个边界，当一方有触犯，我们一定要严肃指出并及时制止。

② 夫妻双方一定要谨记一个原则：婚姻是第一位的，配偶的需求是第一位的。夫妻一方把其他人的需要放在配偶需要之前的行为，都是一种越界。比如妻子生病了，老公的朋友叫他去喝酒，如果他要去，这是不被允许的。

③ 时间是一种边界。如果你是老好人，热心肠，在工作中对人热心是可以接受的，但是下班后，尤其是晚上或放假时间有同事，特别是女同事找你帮忙，如果不拒绝的话，这就是越界了。

④ 夫妻间与朋友交往的界限。如果夫妻一方对另一方的朋友非常不满，不管关系多么纯洁无瑕，我们也要减少交往。如果非要保持朋友关系，就必须得到对方的认同。

❸ 婚姻中的依赖与反依赖

（1）他不爱我，我活不下去了

小米非常苦恼，因为她现在跟男友小C同居半年了，但是却感觉男朋友越来越不爱她。为了引起男朋友的关注，她割过腕、跳过楼。在恋爱之前自己再怎么难过也不至于活不下去，可是，自从恋爱，尤其是同居之后，小米经常有活不下去的想法。

小米本身不是一个娇弱的女孩子，但是遇到小C之后，她开始变了。如果两个人拌嘴吵架了，男朋友掉头就走，完全不管小米在那里哭闹。都说眼泪是女孩子的武器，但是这个武器对于小C一点用都没有。就算小米喝得烂醉如泥，吐得一塌糊涂，小C照样不为所动。他说在心里留了一点位置给前女友，小米生气发火，他就强硬地要求小米不能生气，如果她要生气，就会招惹他更大的恼火。他当着小米的面夸别的女孩子优秀，小米撒娇一下，他就会指责小米心胸狭窄。

小C越不想理小米，小米越是生气，小米都快被逼疯了，经常会想到自杀。

（2）害怕被抛弃导致过分依赖

不难看出，小米是过度依赖别人的人，是什么原因导致了小米如此大的依赖性呢？

弗洛伊德认为，我们成年后的人际关系模式，其实是童年时的人际关系模式的再现。也就是说，童年所受的创伤，成年后依然会重复。

而导致成年之后过度依赖别人的原因就是童年有过被抛弃的经历，这种创伤会影响他的婚恋，因为害怕被抛弃，极度渴望爱，被遗弃的伤痛就会促使他们抓紧对方，产生严重的依恋和嫉妒心理。他们通常处在高度警戒之下，小心观察对方的一举一动，然后推测出各种被抛弃之后的糟糕结果，这种巨大恐惧让他们做出一些极端行为，最后导致对方冷漠或逃离。这样的结局更加印证了他们心底"我是被抛弃的，没有人会爱我"的自我预言。

小米在2岁的时候父母离异，小小的她跟着妈妈艰难地生活。小米说她小时候非常黏妈妈，妈妈稍微离开一会儿就会大哭不止。所以妈妈找了一份能在家做的工作。由于生活窘迫，妈妈总是会抱怨爸爸不负责，抛妻弃子，使小米幼小的心灵蒙上了厚厚的阴影。

慢慢长大，小米变得非常乖巧可人，因为她脾气好，人缘也不错。大三的时候，她认识了现在的男友，几乎是一见钟情。因为男友当时还在与别人恋爱中，她安静地守候在他身边。毕业的时候，男友与女朋友分手，小米主动表白，半年后两个人的工作稳定下来，小米与男友住在一起。

小米很需要这份感情，遇到一个心仪的男孩儿，而且对她非常好，她感到非常幸福。但是好景不长。同居之后，男朋友因为加班、与朋友聚会、没及时接电话等小事都会引起小米的不快。刚开始男友还哄一哄，后来男友烦了，直接无视。

一些平常小事，为什么会引起小米这么大的反应呢？因为男友的怠慢，勾起了她童年的痛苦回忆，她担心男友故意找借口，不爱自己了，担心被抛弃的心理令她非常恐慌，于是她用自残的方式逼迫男友对自己好一点，结果适得其反。

父母离异给小米造成了很大创伤，其实，很多完整家庭的孩子，也有可能形成创伤。研究发现，如果三岁前妈妈与孩子分离两个星期以上，由此造成的创痛就是不可逆转的。不可逆转，指的是不会因为妈妈回来安慰孩子创伤就可以消失，它会留在孩子心里，成长过程中自己再去处理。

最好的做法是，妈妈在孩子三岁前不要离开孩子。

我的一位来访者说，她上初中的孩子厌学、抑郁。究其根本，就是因为父母工作忙，在孩子两岁的时候把孩子送到全托。与母亲分离的焦虑和恐惧不仅给孩子的心理造成很大的伤害，而且影响了孩子的智力发育。

其次，最好不要让祖辈带孩子。在三岁之前，谁的爱都比不上妈妈。孩子必须与妈妈建立亲密的关系，才能形成稳定健康的人格。

再者，如果孩子在幼小的时候不断辗转于各个抚养者之间，每一次与抚养者的分离，都是一次被抛弃的创伤，同样会在孩子心中留下阴影。

（3）反依赖的人害怕被吞噬

与依赖型的人相反的，就是反依赖型的人，他们不喜欢自己的空间和时间被侵占，不喜欢自己被别人掌控。他们遇到了一个依赖型的人，会感觉很累。对方的亲密要求成了自己的负担，而这个负担很可能来自于父母。

人的一生都在寻找自我、探索世界。如果父母对孩子过度溺爱，就会压抑孩子的自我，遏制他们的生命能量，对孩子来说，这就是甜蜜的负担。很可能造成这样一种状况：孩子依赖父母，同时又想逃离父母。很多孩子高考填报志愿，执意要去远方读大学，很可能就是为了逃离爱的亲密。

如果家庭中，母亲对父亲很失望，就会把爱全部转移到孩子身上来。当母亲与孩子关系过于亲密时，孩子就会有窒息和吞噬感。由于孩子内在生命能量的召唤，他们要对抗这种窒息和吞噬的感觉，于是想要离开妈妈。而妈妈怕孩子离开自己，就会不断以爱的名义给孩子施加压力："妈妈这么苦，都是为了你"，"没有你，妈妈就活不下去了"，这样的话说多了，孩子内心就会产生愧疚感。一方面想要逃离，一方面还要对抗内心的愧疚感，孩子很容易产生一系列心理问题，诸如强迫症。

小C的妈妈比较强势，对窝囊的丈夫很不满，就把全部希望和爱放在儿子身上。从某种程度上讲，母亲和儿子之间不像是母子，倒像是恋人，经常有人夸奖母亲和儿子就像姐弟。上大学之后，母亲不愿意离开儿子，想要辞掉工作陪读，被小C严词拒绝了。小米文静乖巧的外表吸引了他，在与前女友纠缠一年之后，就选择跟小米在一起。没想到，他们的关系又进入这样一个轮回。

很多已婚家庭中，如果妻子把丈夫抓得过紧，也很容易导致丈夫出轨，他们想到外面去透透气，不小心撞到了一个"懂"自己的人，不求自己天天陪伴，偶尔一个电话，吃一顿饭就可以搞定的人。

（4）保持健康关系的密码

在小米和小C的关系中，一个是依赖者，一个是反依赖者，一个追一个跑，这样的关系模式是失衡的、不健康的。在多数情况下，依赖者会输给反依赖者，反依赖者会成为关系的控制者，而依赖者得不到自己想要的安全感和亲密感，会觉得非常无助，压抑过后爆发愤怒，然后再陷入新一轮的控制与反控制。或者依赖者会绝望，从孩子或者其他人身上得到情感慰藉，又会培养出新的依赖者和反依赖者。

痛苦是自我觉知的开始。当我们意识到关系带给我们很多痛苦，我们就需要反思我们过去的关系模式，进行调整，必要时借助心理疏导、情感疏导，回归良性发展。

首先要通过良好的沟通，了解对方的心理需求。心理学家调查发现，有73%的妻子和丈夫，不了解自己的配偶，不知道彼此的需求。在婚姻中，男女的情感需求是不同的。也就是说男人认为重要的东西，女人可能认为不重要，反之亦然。如果想获得健康的夫妻关系，就必须了解彼此的内心需求。同时人是不断成长的，需求也会发生变化，所以沟通是长期的，而不是说"我们之前沟通过，我知道他想要什么"。

其次，让婚姻理想回归现实。每个人心中都有一个理想婚姻的美好图景，但是婚姻最终总要归于平淡，柴米油盐、亲朋好友等家庭琐事会一点点让我们的美好图景褪色。所以，我们对婚恋不要期望太高，不能期望爱情之火总是千年不灭、熊熊燃烧，要接受它会随着时间降温，直到降到双方都可以饮用的温开水的温度。

最后，要保持恰当的时空距离。他们与朋友相聚，我们与闺蜜畅谈，各不相干，回家之后可以谈一谈彼此的感悟。即使在家里，也要拥有"个人空间"，两三个小时的晚间时间，你干你的，我干我的，两个人都是独享的。抬眼看一眼对方，感觉到对方的存在，就会很踏实。这就是互不打扰的陪伴。

❹ 对方不是你的"理想父母"

（1）女友大我八岁

小M是一个大三的男生，高大帅气，追求者众，但是对于女孩儿的追求他都不屑一顾，因为他看不惯那些小女生任性、撒娇、虚荣。暑假的时候，一次和朋友聚会，小M认识了一个女孩小婷，小婷性格温柔娴静，跟别的女孩子很不一样。他忍不住靠近她，与她多聊了几句，之后留下电话号码，开始了交往。

后来小M得知，小婷比自己大8岁，但他感觉她和自己年龄差不多，沟通没有代沟，和她在一起很舒服，而且小婷非常关心他。小M义无反顾地与小婷确立了恋爱关系。

小M为什么会喜欢大自己8岁的女友？

这与他的家庭经历有关。

小M是典型的城市独生子，和大多数城市父母一样，小M的父母对小M比较溺爱，小M有什么要求基本上都能满足。在这种家庭氛围下长大的小M虽然高大帅气，身上却缺乏一种阳刚之气，也比较感性，会因为一点小挫折掉眼泪，他自己都讨厌自己这种性格。

小M承认，他比较敏感自卑、心理承受力差，所以他无力承受任性小女生给自己的压力。第一次看到小婷，他心里涌起不一样的感觉，好像是那种久违的温暖的感觉。

（2）找一个与父母类似的人，让他/她爱上我

人有两次生命。

一次是从妈妈的肚子里出来，我们与父母建立亲密关系，开始寻找自我，探索世界。

一次是恋爱和婚姻，与所爱的人建立亲密关系。在这个关系里，会重复童年时期父母与我们的关系模式。也就是说恋爱和婚姻，其实在重复童年的模式，要么重复童年的美好，要么弥补童年的痛苦。

我们爱的第一个异性就是自己的异性父母，所以，在我们潜意识里，早已经在心中按照父母的原型定制了爱人的模板。如果自己的父母对自己很好，我们的模板就越靠近现实的父母；如果我们的父母对我们不好，我们的模板就会是我们自己塑造的"理想父母"形象。

小M就是在小婷身上找到了自己妈妈的感觉，那一瞬间的心动，就是因为小婷符合自己心中的爱人形象。于是，小M明知道家人反对，依然会跟小婷在一起。

而小婷刚刚经历了感情的失败，在小M的爱情攻势中，接受了小M，慢慢从失恋的痛苦里走出来。两个人的恋情发展迅速，很快就如胶似漆了。

（3）婚恋中，我们都会变成孩子

回溯到童年，要么找到理想父母重温被爱包围的感觉，要么变成无理取闹的孩子，发脾气、闹情绪，让对方猜自己的想法。其实，他们内心渴望的是对

方无条件的接纳，给自己一个拥抱就好了。

我的一位来访者，与几年前一则电视公益广告中要等爸爸回来却抱着奖状睡着的小女孩儿一样，她经常是这样等着工作忙的爸爸回家。长大后，她找了一个心仪的男友结婚了，但是还不到一年，两个人就经常吵架，闹到离婚的地步。原因就是女孩会无理取闹，一点小事就没完没了，非让老公认错赔罪。但是，老公是公安警察，轻易不肯服输，用缜密的逻辑推理告诉她"你哪里哪里做错了"，这激起了她更大的愤怒。在咨询中，她说出了自己最大的心愿，自己在无理取闹的时候，希望老公能抱一抱自己，用很男人的方式抱一抱自己就好了。

其实，她在朋友中口碑很好，朋友都说她善解人意，温柔善良。因为她非常在意别人对自己的评价，所以与朋友之间保持适度的距离，认为没有必要把坏脾气暴露出来，因为没有人会吃这一套。

但是对于老公，她的期望就变了，她对老公的要求定位在"理想父母"的位置上，一方面渴望老公像父亲一样疼爱她，弥补自己童年缺失的父爱。另一方面过于理性的老公让她的期望落空，她把对现实父亲的不满发泄到老公身上。

（4）伟大的改造工程

我们总想按照自己的意愿改造别人，希望别人能够符合我们的标准和要求。这也是人际交往发生冲突的重要原因之一。

爱情，就是一场战争，一场相互扼杀对方自我的战争。

当爱的激情褪去，当我们发现对方不是自己的"理想父母"之后，我们就开始了改造的工程。

很多现实父母都不会令我们满意，所以，几乎每个人都在婚恋中进行着伟大的改造工程，他们以为，只有你改变了，我的人生才会幸福快乐。

（5）对方不是我们的"理想父母"

恋爱和婚姻是一场战争，把对方改造成我们的"理想父母"这一行为终究是要失败的。

其实，婚恋过程也是一种疗愈的过程，可以在婚恋中发现自己隐藏在潜意识里面的创伤，童年没有得到满足的爱的需求等。如果婚恋期遇到一个与"理想父母"相似的人无条件地接纳我们，既能满足我们潜意识爱的渴望，又能保持自我的界限，我们就会得到疗愈，慢慢做回自己。

但是，几乎没有人能像"理想父母"那样对待我们，总有让我们失望的时候。

小M与小婷刚开始都把对方当作自己的"理想父母"，小M是为了延续童年的美好，小婷是为了弥补童年的痛苦。最后两个人在经历了艰难的改造工程之后，放弃了努力，接受了事实。小M选择放手让小婷离开。

很多与他们两个相似的情侣在历经了理想期的热恋、改造梦想破灭之后，开始重新审视自己的内心，慢慢接受父母和恋人的真实形象。也就是说，接纳和尊重对方是一个完整的、独立的人，而不再要把对方改造成自己的"理想父母"了。

具体的过程是：

第一，接受自己的父母。接受自己有这样的父母，接受父母本来的样子，接受他们的不完美，原谅他们不懂得如何做一个好父母。

第二，接受对方不是我们的"理想父母"。因为现实父母给予我们的爱太多或者不够，我们虚构了"理想父母"形象，希望能延续童年的美好或填补童年的痛苦，但是"理想父母"是不存在的，而且永远不会存在。

第三，接受事实。接受幻觉破灭的事实，虽然会失望心痛，甚至会有被抛弃的不安全感，但是我们接受了，一切都会慢慢好起来。

第四，接受并尊重真实的爱人。不管爱人开始多么像自己的"理想父母"，都是我们自己投射过去的。实际上，他是一个有不同经历和生命体验的人，试着去接受他，尊重他身上所附带的一切。

第五，与爱人建立真正的交互关系。试着去与真实的人建立真正的关系，不要试图去控制他/她，不要对他/她有太高期望，我们试着表达自己内心的真实需要，如果对方无法满足，我们要学着体谅。与真正的人建立真正的联系，是需要冒险精神的，我们要相信自己可以应对可能发生的一切事件。

当我们开始放下"理想父母"这个幻象的时候，我们的改变也就开始了，真正的幸福也就要到来了。

❺ 你的婚姻是否在重复原生家庭的模式？

在开始这个内容之前，我们先思考几个问题：

① 你从小最想得到却一直没有得到的东西是什么？
② 你从小一直没被满足的心理需求是什么？
③ 你小时候常常会产生怎样的情绪？
④ 你身上的敏感点是什么？也就是说你最不想让别人提到哪些内容？
⑤ 你成长经历中印象最深的事情是什么？
⑥ 当你情绪不好的时候，你通常用什么方法来缓解？
⑦ 你们的家庭规则和生活习惯是怎样的？
⑧ 父母的关系如何？你与父母哪一方的关系更好一些？
⑨ 你在家里排行第几？你是否嫉妒你的兄弟姐妹？
⑩ 影响你一生的决定是什么？

不难看出，这些都是我们与父母之间互动的体验，每个人的回答都会不同，即使是兄弟姐妹也不一样。而这些问题的答案将伴随或决定我们一生是否幸福快乐。

第五章　婚姻期的心理分析

（1）原生家庭影响了我们什么

我们一生有两个家，一个是父母给我们的家，是原生家庭；一个是我们自己结婚之后建立的家，是新生家庭。

家庭塑造人，说的就是原生家庭。原生家庭塑造人的个性和人格，奠定安全感，培养情商和价值观，家庭的关系模式决定了我们成人后人际关系模式。

一位来访者说，因为与老公生气回了娘家，看到父母相互指责，忽然心里一动：这不是我自己真实生活的再现吗？她终于明白自己为什么总爱指责别人，原来是在不自觉地重复父母的互动模式。可是，这些不是她想要的生活，但是好像受着某种神秘力量的指引，到时候又不由自主就去指责别人了，这次跟老公吵架也是这种情况。

在人际互动中，我们会不知不觉按照我们在原生家庭中习得的模式，或者会反其道而行之。比如，儿子很敬重父亲的人品，就会以父亲为榜样，模仿父亲的言行和处事风格。反之，如果父亲有恶习，儿子非常厌恶，孩子将来有可能成为一个自律性很强的人。

在择偶问题上，如果女儿得到了父亲很充足的爱，而且敬重父亲的人品，将来就会找到与父亲类似的另一半。如果小时候父亲工作忙，对女儿关注很少，女儿长大后就会寻找一个工作平庸，但是能时刻陪伴自己的人做伴侣。

但是，也有另一种情况，原生家庭中父母一方的某些恶习，会在孩子身上强迫性重复。虽然孩子厌恶父母身上某些行为，但是长大后有时候会重复父母的这些行为。我的来访者小钱就是这样，小时候因为母亲外遇父母离婚，离婚后她跟着父亲生活，家境的窘迫和别人的白眼让她性格很倔强。因为自卑和对婚姻的恐惧，她嫁给了一个远不如自己的老公。结婚几年后，她发现自己的老公与别的女人暧昧，她受到很大打击，一方面担心老公离开自己，一方面又无法原谅老公的过错。于是产生报复心理，在外面找了一个情人。但是她陷入了更大的纠结：明明自己最讨厌妈妈的行为，为什么自己也会如此呢？

除此以外，原生家庭还会让我们拥有一些心理情结或心理按钮。每个家庭都不是完美的，小时候没有满足的愿望、父母有意或无意给我们造成的心理创伤等，都会成为我们长大后的心理情结。当遇到类似场景或相似事物刺激，就像碰到了没有痊愈的脓包，过去的伤痛会让我们产生与当时事件不相称的痛苦体验。比如，遭受过家暴的孩子忍受不了配偶对自己动手；经常听母亲抱怨父亲无能的孩子，会受不了丈夫的老好人脾气；自己小时候爱哭、被嘲笑的孩子，对妻子的眼泪不但不为所动，还大动肝火。心理情结还包括：怕不公平、怕被忽视、害怕被批评、怕与人关系太近等。

原生家庭会让我们受到一些心理创伤，为了让自己免受痛苦折磨，我们会采取很多方法保护自己，这就是"心理防御机制"。比如，一位母亲对孩子要求特别苛刻，经常会批评贬低孩子。母亲会不断跟孩子讲：妈妈是为了你好。当孩子在成长中产生一些不良情绪之后，母亲告诉他：不要在乎自己的不良情绪，你还不会处理情绪，长大了自然就会了。于是孩子学会了"压抑"的防御机制，是为了自己当时免受不良情绪的折磨。可是，因为不良情绪需要疏导，不能被长期压抑，所以，到了高中时期，就可能形成严重的强迫症。

另外，原生家庭会把不同的生活习惯、价值观念带到新生家庭。比如一个不喜欢吃辣椒的人娶了爱吃辣椒的老婆；一个不爱收拾家务的人嫁给了一个有洁癖的老公；一个上进心强的老婆忍受不了老公的拖拉、不上进；一个大男子主义的老公接受不了男女平等的观念，非要让老婆自己承担家务等。本书第一章提到门当户对，也是有一定道理的，因为相似的价值观和生活习惯会减少很多摩擦，有利于夫妻间沟通和理解。

婆媳关系也是原生家庭遗传过来的。如果原生家庭里的亲子关系大于婚姻关系，就会导致婆媳矛盾，因为婆婆和媳妇会为了争夺一个男人的爱而发生冲突。

（2）原生家庭影响我们对爱的选择

每个家庭都有不同的教育方式和相处模式，给孩子营造了不同的成长环境，这就造成了孩子长大后在爱情选择和处理情感问题上会有所不同。

如果父母过度溺爱孩子，就会让孩子形成以自我为中心的性格特点，过于自恋，掌控欲望强。因为在孩子心中，原生家庭就是自己的世界，父母几乎能满足自己的所有需要，他们会认为这个世界都是为自己服务的。但是，出了家门，走入社会，在与同学朋友交往过程中，他们明显感觉世界并不是围着自己转的，于是他们心理失衡了，会有自卑感和失控感，但为了保持自己在团体中的位置，他们不得不压抑自己的需求，去讨好别人。这样的家庭状况很容易让孩子形成忧郁型人格和回避型人格。他们在婚恋中会比较任性刁蛮、不讲道理、爱生气，需要爱人哄着自己。他们会对成熟稳重的大叔型或姐姐型的对象情有独钟。

我们多次提到恋父、恋母情结。这样的人在小时候没有与异性父母很好地分离，心底就对异性父母产生过多的依恋。比如，父亲因为在外地工作或者经常出差，在男孩儿的成长中缺失，男孩儿就很容易对妈妈产生过多依恋。青春期性萌动的时候会把性对象投射到妈妈身上或者转移目标，爱恋老师或者阿姨辈的人。

这些是恋母情结非常严重的表现。倘若情结不是很严重，则会在婚恋中找更像妈妈的人做伴侣。他们的心理年龄与实际年龄不符，一旦遭遇感情挫折和婚姻失败，他们比旁人产生更大的痛苦，因为在他们内心，失去的不仅是爱人，在潜意识里是在与自己的母亲决裂，这是他们无法割舍的痛。

从小在父母吵架的环境中长大的孩子，会非常缺乏安全感。因为0~6岁的孩子非常弱小，需要父母保护才能活下来。而且小孩子还不能识别自己和世界的关系，他们认为自己与父母（父母就代表自己的世界）是一体的，认为

"父母好，我就好；父母不好，我就不好"。而且他们对声音很敏感，父母大声的争吵会让他们非常害怕，会自动产生这样的思维：是我不好，父母才会吵架，父母一吵架，就不要我了。

父母经常争吵的家庭的孩子，觉得自己的家随时都会散掉，自己随时都可能被抛弃，内心极度缺乏安全感。一般会形成两种极端个性：一种是攻击性强，沿袭父母的行为方式，用暴力来解决问题，容易形成冲动型人格；一种是极度自卑懦弱，没有主见，很怕被抛弃，容易形成依赖型人格。第一种人在感情中难以控制自己的情绪，容易使用家庭暴力。第二种人因为害怕被抛弃，猜疑敏感，过度黏着对方，对方会感到窒息而逃离。

童年期，如果父母没有与孩子生活在一起，包括离异家庭的孩子，孩子就难以形成归属感，会有很强烈的被抛弃的感觉。因为与父母连接太松散，孩子没有得到足够的爱，很难信任别人，不懂得如何去爱，难以与人建立亲密关系，会患得患失。我有一位来访者，女朋友是单亲家庭长大的孩子，在相处两个月之后，女孩儿突然提出分手，他不知所措。后来通过细致分析，他明白，这个女孩儿过于敏感多疑，过于悲观，当她感到一点点不如意，就赶紧中断关系，因为她怕关系亲密之后会受到更大的伤害。在这样家庭长大的孩子，不会表达情感，一般心里有想法不表达出来，会让别人去猜。如果对方猜不中，她就以为对方不懂自己，没有必要再延续感情，然后把自己包裹起来，成为拒绝融化的冰。

过于在意别人看法的父母，会压抑孩子的自我，容易使孩子过多猜测别人怎么想，造成强烈的内心冲突。我的一位来访者在高中的时候，因为体弱多病，班里开空调太冷他受不了。但是他不敢表达自己的意见，怕别人嘲笑他，于是在说与不说的纠结中，成绩下滑，注意力不集中。大学毕业后，遇到一个女孩，偶然原因两个人在一起，但是女孩的很多做法让他不满意，但是怕伤害女孩儿，怕别人说自己不负责任，怕女孩找他麻烦等，最终没有提出分手，结婚之后就抑郁了。

父母教育理念不一致的家庭，比如父母一个唱白脸一个唱红脸，孩子内心会出现分裂。现代心理学通过多年系统的观察发现，婴儿是天使和魔鬼的合体，而且年龄越小，他身上的恶就会越可怕。不过，他们只有心理上的恶，因为没有真实的攻击性，所以构不成伤害。可是，不是每一个婴儿都会成为恶人，是因为爱可以转化恶。如果一个孩子能和他的亲人建立稳定安全的关系，孩子身上的恶就会转化成善，成为天使。可是，如果他与父母的关系是非常不稳定的，从一个极端到另一个极端，而且，父亲的打骂让他又畏惧又愤怒，妈妈虽然能安抚，但又在纵容他的恶。因此，一个红脸，一个白脸，一个严苛，一个娇纵，一场自作聪明的家庭角色游戏，可能会塑造一个欺软怕硬、逃避责任、编造谎言、两面三刀的"双面人"。这样的人，在婚恋关系中，很会说话，平时对情侣很好，但是他们会经常说谎，背着对方去做一些出格的事情。

成天把钱挂在嘴边的父母会培养出过于物质化的孩子，孩子会用金钱来衡量一切，为了金钱不惜采取一切手段；父母对感情不忠诚，孩子也很难对自己的感情负责；重男轻女的家庭很容易导致夫妻关系恶化。

（3）化解之道：走出原生家庭

两个来自完全不同的家庭的人，带着原生家庭的烙印组成新生家庭，我们必须要明白双方在家庭文化、互动模式、家庭规则、价值观念等方面的差异，不然，很可能造成两败俱伤，甚至三败俱伤。

很多家庭模式会代代相传，如果我们没有自我觉知，就会陷入这种家族噩梦中无法解脱。所以，培养我们的觉知，从潜意识主宰过渡到意识主宰，了解自己原生家庭带给自己的影响，走出原生家庭的强迫性重复是很有必要的。

第一，清理原生家庭的负面影响。每个人的原生家庭带来的不都是负面影响，还有很多正面的。即使是正面影响，也会因为两个家庭的差异导致一些矛盾冲突。夫妻双方最好坐下来把自己的家庭习惯和规则摆出来，慢慢地调整融合变成双方都能接受的新生家庭的习惯和规则。

第二，觉察心里情结的根源。因为一件小事引发了我们强烈的情绪反应，我们就需要深入探究在这个情绪背后有怎样的心理情结，是怎样的心理创伤一直没有得到疗愈。

第三，与过去划清界限。并不是我们找到了心理情结、宣泄了情感，问题就彻底解决了，每个人在相处中都或多或少带着过去的影子，夫妻双方要留意一些看似是因现在而引发，却是指向过去的情绪。尤其是丈夫，不要一发生矛盾就躲到自己的洞穴里面去，而应勇敢地与妻子一起找到情绪的出处，然后在原生家庭与新生家庭之间设立一道防火墙，明白告诉对方：有什么想法就说出来，大家一起解决，不要发无名火。

第四，培养出新的应对方式。每个家庭都会建立新的规则，这是家庭成长的基础。而人是终身成长的，随着社会交往和朋友圈子的扩大，每个人都会不断吸纳一些新的规则和理念，不断充实着新生家庭。孩子出生后，父母不仅要统一教育理念，还要进行自我提升，培养新的应对方式。比如，丈夫要收回玩心，做一个负责的父亲，妻子要多鼓励丈夫，丈夫多体贴妻子，为孩子营造和谐健康的家庭环境，同时为孩子将来的新生家庭做好榜样。

作为新生家庭的成员，我们不能把对方当作原生家庭中父母的替代，而应真正把对方当作一个人看待，不能简单地复制原生家庭的婚姻模式，而要察觉彼此的情感，进行良性的情感互动，恰当满足彼此的内心需求，营造新的婚姻模式。

❻ 扼杀婚姻幸福的魔咒

在心理咨询中,婚恋情感类咨询占有一多半比重,主要涉及一方过于任性导致关系破裂、婚恋中一方出轨、一方过于依赖使对方越来越冷淡、家庭观念不同引起矛盾冲突等。

很多婚姻中没有第三者,却也走到了离婚的地步,究其原因,是我们的心态和信念出了问题,这些心态和信念成了扼杀婚姻幸福的"魔咒"。

(1)不肯改变——我永远正确!

钟女士找我咨询的时候满脸带着很大的怨气,一坐下她就开始诉苦,她说起话来,我根本插不上嘴。她说,她与老公结婚十几年,但是两个人的关系越来越恶劣,老公不仅不跟自己说一句话,还经常很晚才回家,她怀疑老公有外遇。后来知道了他宁可一个人在外面喝酒,也不愿意回家,就更生气了。在她嘴里,都是老公的毛病,几乎没有一点可取之处,而她用的都是清一色批评指责的词汇和语气。

我提醒她是不是反思一下自己身上的问题,她说:"都是他的问题,我没有问题啊。我说得都没错,是他身上的毛病,只要他改变了,我们这个家就会好。"

从她的言语中，我发现她就是"正确小姐"——我没错，错都在你，你改变了，问题才能解决。

站在审判台上的"正确小姐"高高在上，指出别人的错误，自己却丝毫没有意识到自己的问题，强迫别人做出改变，这样的人适合独身。因为改变一个人是很难的，除非对方愿意做出改变，但是把责任都推到对方身上，对方是不可能全盘接受的。所以，婚恋中的这个魔咒把对方的爱意一点点抹杀，让婚姻变得冰冷。

即使自己想要做出改变，也会有一个顾虑：我改变了，他不改变，不还是这样吗？还有心中的不甘心：凭什么是我改变？这样的观念都会让他们坚持自己，不愿意做出改变。

其实，第一个做出改变的人，是最有觉知的人，也是最能掌握主动权的人。我们必须明白改变别人是不可能的事情，我们自己先要做出改变，对方看到我们的改变，也会做出相应的改变和调整。

婚姻中的幸与不幸，其实最大的区别就是，幸福婚姻的夫妻能不断建立新的纽带，体验新的改变，无论怎样，两个人都接受这种改变，然后做出相应的调整。而不幸婚姻中的夫妻抱着一成不变的思想，不肯改变自己的性格和处事方式，遇到问题喜欢翻旧账，注意力放在过去，固化的思维和行为模式让他们的婚姻成为一潭死水。

事实上，共同经历过创伤性事件的夫妻更能增进彼此的感情。原因是通过此次创伤，彼此都会反思一下，觉察到自己的问题，增强心理承受力和进行改变的能力，有强大的内心应对将来可能发生的一切意外事件，夫妻之间的关系也会更加稳固。

当然改变的方式有很多，比如，改变我们的观念，自己除了两三点必须坚持，甚至不惜离婚也要坚持的以外，放低我们的标准和要求，学会包容和理解，只要符合最低标准就接受；改变我们的应对方式，不要一味地批评指责，多看到对方的优点，赞扬鼓励对方；改变我们的沟通模式，与对方交流看法，不要一下子就否定，要先理解对方："嗯，我觉得你说的有道理，我是这么看的……"对方得到了认同，就会心平气和地接纳我们的观点。

(2) 寄托心理

在婚恋中有一种寄托心理，就是希望对方能够给自己幸福快乐。我们经常听到的话是"你给不了我想要的""我是属于你的"。在女儿的婚礼上，父亲把女儿的手交到女婿的手上，对他说："我把自己最珍贵的、最爱的宝宝托付给你了，请你珍惜、爱护她。"女婿郑重地说："我一定好好照顾她，让她一生幸福快乐。"

这种寄托心理来源于男尊女卑的封建伦理道德，对女人的要求是"三从四德""嫁鸡随鸡嫁狗随狗"，没有一点自主权。所以，女人就会把自己的一生托付在男人身上。而一些男人也认为该为自己的女人的幸福负责，结果他努力工作，但是妻子的要求越来越多，除了工作，还要求陪伴。我的一位来访者就是如此，妻子没有工作，丈夫开公司养家。下班回家，累了一天的丈夫想好好休息，妻子却要丈夫陪她出去玩，相互的不理解导致两个人离婚。

寄托心理有三种，上面一种是托付给人，认为配偶必须照顾自己，给自己幸福感和安全感。

一种是寄托于社会。抱怨就是一种寄托，经常听到人们抱怨社会贫富不均、制度不健全、市场不景气、工作难找、福利不够，抱怨自己怀才不遇等等。其实无论在哪个环境、哪个行业，都有升职加薪的，也有被炒鱿鱼的。

还有一种是把自己的一生托付给物质。时下不少女孩子会追求物质最大化，希望找多金男嫁掉，最好嫁到豪门。她们以为，钱能给自己带来安全感，名牌衣饰能给自己带来幸福感。

除我们自己以外，世界上有什么人和物能给予我们一生幸福快乐呢？我们自己有没有信心给予自己一生的幸福快乐呢？如果没有的话，自己或别人怎么可能承担起两个人的幸福呢？

我们必须明白一个道理：靠山山倒，靠水水流，靠人人走。我们要相信：我有能力照顾自己，我必须为自己的人生负责。女人，无论什么时候都不要放弃自己的事业，要有自己的经济能力和社交圈子。不管是否与配偶在一起，都可以让自己得到满足和快乐。

（3）心里瞧不起配偶

小白个性强，能力也强，与丈夫共同经营一个生意，后来丈夫有了外遇，个性独立的她毅然选择了离婚。离婚后的第二年，她认识了同乡小范，小范的妻子出轨，留下了一个女儿。相同的经历，加上小范老实厚道，两个人就走在了一起，没多久就办了结婚证。

婚后，个性好强又过惯了养尊处优生活的小白，要跟着小范南下打工维持生计，也慢慢发现小范除了老实，真的没有什么能力，挣钱又少，还不会讲话。她开始看不上小范，要么冷言冷语讽刺，要么几天不理他。眼见着第二次婚姻又出现危机。

婚恋中最讲究的是平衡，如果一方看不起另一方，即使不说，对方也会感觉出来，关系势必会受到影响。人一生中最怕三个人看不起自己，一个是自己的父母，一个是自己的配偶，一个是自己的孩子。被父母看不起的孩子，就会形成自卑消极、逃避退缩的人格。被配偶看不起，夫妻关系紧张，很容易逼出婚外情，而女性看不起丈夫，话里话外讥讽嘲笑，不但不会激起丈夫的发愤图强，更容易让他们自暴自弃。被孩子看不起，不仅会导致家庭关系不和谐，让孩子失去认同的榜样，还会因为夫妻一方与孩子关系过于密切，致使孩子产生强烈的恋母或恋父情结，导致严重心理问题。

在夫妻关系中，由于女性对配偶要求较高，而婚前配偶表现积极，婚后配偶表现冷淡，更容易使女性对配偶产生失望感。

我们要明白一个道理：选择了一个人的优点，一定要接受他的缺点。也就是说，我们接受了他的老实憨厚，就必然要接受他的安于现状；我们接受他的拼搏上进，就必然要接受他对家庭照顾不周。一个成熟的妻子会看到丈夫的优点并接受他的缺点，将自己对丈夫的高期待转化为合理的期待。

同时要懂得这样一个道理：一个好男人不是讽刺挖苦激出来的，而是欣赏鼓励出来的。

（4）受害者心态

婚恋关系中，经常出现这样的心理状态，自己付出很多，到头来换来对方的漠视或者遗弃，最后陷入埋怨、委屈、自责、不甘心的情绪中。这就是"受害者心理"。

有受害者心态的人很容易把责任推给别人，不断肯定自己的无辜，他们不懂得对自己负责，只是抱怨，不会真正解决问题。

一个受丈夫家庭暴力的妻子，总是跟朋友和亲人抱怨自己被丈夫欺负，怎么不把自己当人看。当别人激愤地想要为她打抱不平的时候，她立刻阻止："不行，这样他会打死我的。"后来人们明白，她只是像祥林嫂一样诉诉苦，她根本无法离开自己的丈夫。

一个丈夫在妻子离家出走后开始酗酒，每次喝醉后都会耍酒疯，大声叫喊是妻子把自己害惨了，但是清醒后他始终没有采取有效行动把妻子找回来。

一般抱有"受害者心理"的人，会采用隐秘攻击的方式激起配偶的愤怒，比如上面的妻子，饭做得很难吃，家也不收拾，丈夫下班回来很生气，就会和她吵一架或者对她动手。之后，她又对自己或者别人说："都是他把我害成这样。"

持有这种观念的人，必须有巨大的觉知力才可以改变，因为他们很容易沉溺在一种熟悉的情绪和行为习惯中走不出来。一定要学会反思，找到问题的症结，然后从自身进行调整，学会对自己负责，自己才能成长，婚姻才可能和谐幸福。

（5）交换心态

我对你好，你也要以我的方式对我好，不然，你就是不爱我。

你爱我，对我好，我才会爱你，对你好。

——持有这种信念的人，是一种"交换心态"。

小孩子在一起玩耍，经常会说：我给你玩我的变形金刚，你让我玩一会儿你的小火车。孩子会以一种交换的方式获得玩伴。拥有"交换心态"的人，与小孩子有一样的思维模式，说明他们内心还是没有长大的孩子。

爱情和婚姻不能等价交换，因为真正的爱是付出，而不是索取。我们真爱一个人，会愿意为他/她做任何事情，看到他/她高兴，我们也很满足。如果我给你做了一顿饭，你要为我做顿饭才能表示你爱我；我这次给你打电话，下次你要主动联系我，这才说明你在乎我。这样的爱非常狭隘，完全无视对方的存在，只以自己的标准要求对方，对方达不到就生气。

这样要求的结果是，对方无论怎么做都无法让我们满意，因为他们与我们有着不同的习惯和观念，他们会以自己独特的方式爱我们，只是我们思维狭窄，反之盯着我们想要的那一个。

有时候，交换心态，就是双方要争个输赢，很怕自己吃亏。比如，这次我多等了你十分钟，下次你也要等我十分钟，这样才公平；这次去你家，下次一定要去我家，不然我就亏了。如果婚恋中处处充斥着交换，相处也就难了，因为没有爱的婚姻很难维持的。

请记住，爱情不是等价交换，是用真心换真心，允许对方用自己独特的方式来爱自己，体谅、尊重、包容、理解对方。不要怕吃亏，为爱人付出不是吃亏，是幸福。

（6）拒绝沟通

很多女性来访者普遍反映一个问题：跟自己老公没法沟通。一跟他们说事，或者谈谈怎么处理两个人之间的矛盾，他们就会说"别说这个，我没空"，明明他们就是在看电视或者打游戏。还有一种情况，两个人吵架闹了矛盾，女方气得不行，总想找男方说说清楚，但是男方就是避而不谈。过了几天，他像没事人一样，还笑话女方小心眼。

男性不愿意沟通，一是因为男性的思维方式与女性不同。女性有问题非要弄个清楚才能心安，男人关注点不在小事情上，不愿意为这些小事情费心，而且他们认为谈这些太感性，婆婆妈妈，跟自己男人身份不符。二是因为中国的社会文化。中国人衡量一个男人的标准是坚强。男人从小被教导"男子汉要坚强""宁可流血不流泪"。一个男人越是能忍受痛苦，喜怒不形于色，越是被称赞为"男人"，一个男人要绝对控制自己的情绪，才会被人夸赞。男人就会慢慢形成这样的思维定势：要想被爱，就不要过分表露自己的内心感受；要成就大事，就要成熟理性。三是他们惧怕袒露自己的内心，他们用坚硬的壳把自己包裹起来，不愿意轻易示人。其实，他们最惧怕的是，暴露内心之后，不知道哪天又起争执，妻子杀个回马枪，攻击自己最脆弱的部分。四是，妻子态度强势，咄咄逼人，男人说不过女人，产生反抗心理，拒绝与她沟通。

不只是男人不愿意沟通，有的女人也拒绝沟通，一个重要原因是我们对情绪感知能力偏弱，从小就被教育"不许哭""就知道哭，真没出息""为这件事生气，真小气"，于是我们压抑着自己的情绪，对自己有一些"负面情绪"产生排斥心理，觉得自己不够坚强，会被人笑话。于是，我们渐渐与自己内心感受分离了，不愿意或者不知道如何了解自己，更无从表达自己的感受，就会出现"让他说他也不知道说什么"的状况。

长此以往，夫妻双方的感情会因为缺乏沟通而日渐淡漠。

首先，我们需要放下防御之心，信任自己的爱人不会伤害自己，即使无意伤害，我们也能及时表达自己的感受，阻止伤害进一步加重，更让对方知道我们的底线而止步。

再者，我们要允许配偶把情绪带回家。如果两个准备白头到老的人都不能一起分享情绪和感受，那么很可能他/她就会把感受说给外面的人听，这不是更危险的事情吗？对方愿意跟我们谈，这是对我们的信任，是加深亲密关系的途径，我们要接受对方的情绪和感受。

另外，当对方尝试与我们沟通的时候，我们要站在对方角度考虑，理解接纳，比如我们可以说：现在你有一些情绪，发生了什么事情让你这么激动呢？这样可以引导对方说出事实真相，说出内心感受。

把情绪说出来与把情绪直接发泄到对方身上是不同的。我们要善于察觉自己的情绪，然后用合适的词语表明自己的情绪，不管三七二十一指责对方，这是胡乱发泄情绪，是不可取的。而平静说出"我现在很生气"，这是在说情绪。只有思想成熟的人才能够与配偶讨论自己的情绪状况。

（7）盲目相信爱的力量能解决一切问题

很多恋爱和婚姻失败的人向我求助，他们认为，自己还爱着对方，要努力挽回，相信爱可以化解所有难题，让两个人感情如初。

我会问他们：在失败的感情中，你意识到自己的问题了吗？你们知道以后该如何相处吗？

通常的答案是：我知道我错了，我以后会加倍爱他/她。

这就是年轻人普遍存在的错误观点：只要相爱，所有的问题不用处理也会迎刃而解。

很多人都深有体会，爱情会被现实打败，相爱容易相处难。不顾一切的爱很壮美，但是一旦走入恋爱和婚姻的平淡期，问题就会接踵而至。王子和灰姑娘幸福地生活在一起，这只是童话。

几乎每一个有婚姻危机的人都会说：我们的矛盾都是因为一些鸡毛蒜皮的小事。是的，鸡毛蒜皮的小事，会显现一个人的价值观和心态。比如，他喜欢玩手机，他洗碗洗不干净，她出去逛街没接电话，教育孩子方法有分歧等，这些小事都会引起激烈的争吵。

婚恋的目的不只是相恋，而是要白头到老。有研究表明，先结婚后恋爱的婚姻更加稳定。这说明，感情是可以培养的，一开始对配偶期望不高，慢慢在相处中滋生感情，婚姻的幸福值是逐步上升的。

当我们看配偶越来越不顺眼的时候，我们就要考虑，我们是否对对方期望太高，我们自己的心态和性格是否需要进行调整？

因此，两个人相爱不足以维持婚姻，只有不断重塑自己的性格，调整自己的心态，修正自己的相处方式，促进良性沟通，接受自己和对方的改变，并且能在产生矛盾的时候共同解决问题，才能使婚姻幸福，相守终生。

❼ 放下相互攻击的"挡箭牌"

挡箭牌,指古代防御武器中可以抵挡刀箭用的盾牌,后比喻推掉事情的借口或可以掩护的东西。

挡箭牌也普遍存在于婚恋家庭中,其中一方为了攻击对方,保护自己,会把对方的过去的错误当作挡箭牌。

(1)有"处女情结"的老公

小郑现在很苦恼,因为她的老公总是跟她发脾气。原因是,小郑之前谈过一个男朋友,与这个男友在一起后,就向他坦白了自己与前男友发生过关系。因为男友很在乎小郑,说能原谅她,不会计较她的过去。

可是,结婚后,老公开始莫名其妙地发脾气,每次都会提到小郑的前男友,还会带着轻蔑的口气说:"我没有他好,你找他去啊!"这让小郑非常痛苦。跟老公沟通,老公承认自己放不下那件事,那件事经常折磨着他。看到老公的痛苦,小郑心里也很愧疚。她加倍对老公好,但是好像老公没有一点好转,两个人有一点矛盾都会转移到这个问题上。

小郑的老公真的有"处女情结"吗?其实他之前也有相处了好几年的前女友,本身不是处男了,他依然在意小郑不是处女,而他内心的痛苦又是真实存在的。

小郑的老公明明知道自己这样很不合常理，为什么就无法放下这个痛苦呢？

因为它可以充当自己的"挡箭牌"。两个人有了磕磕碰碰，比如小郑指责他不做家务，回家就知道玩游戏，他就会拿出这个挡箭牌，一下子就会让小郑哑口无言。而且每次用过后，他能真切地感受到巨大的痛苦，甚至有时候会出现一些心痛、心慌的症状。这更加大了小郑的愧疚，总是小心翼翼地待他。

很明显，挡箭牌有很好的自我保护作用。挡箭牌所代表的意义是：你犯过不可饶恕的错误，你是个罪人。再加上一些辅助的肢体语言，这个戏就越来越逼真了，对方不得不缴械投降。

（2）紧抓住挡箭牌不放的副作用

我的一位女性朋友，因为看到老公与女孩聊天，仅限于聊天。她接受不了，和老公大闹一场，老公删除了女孩的所有联系方式，一直赔礼道歉，她无法原谅老公，会一晚上不睡觉让老公描述他们聊天的内容。老公表现出一点厌烦，就会招来更大的麻烦。

经过一段时间，老公的认错态度好，好不容易平息了一些。但是只要老公有违拗自己的时候，她就会搬出这件事，老公就会乖乖听话。

有了这个挡箭牌，我这位朋友在家里的地位明显上升。她再也不肯放下，一直拿着它，有点不如意就用一用。但是两年之后，这个挡箭牌也给她带来了副作用，她出现了比较严重的强迫症，还伴有焦虑和抑郁。

挡箭牌不仅能保护自己，而且可以让自己在亲密关系中产生优越感，因为直接把对方打到"罪人"的位置，自己则充当了审判者，只要有机会，就会站在审判台上宣判罪状。

当然，对方的罪过是对婚姻不忠，对我们造成了伤害，但是我们明显夸大事实，联想出很多根本不存在的细节会引起自己更大的焦虑，导致出现无法控制的强迫思维。

利和弊是相辅相成的，挡箭牌的另一面一定是芒刺，挡住对方攻击的同时，也或深或浅地伤害着我们。

（3）别拿孩子当挡箭牌

接触太多婚姻出现问题的家庭，几乎每个人都会说类似的话："为了孩子，我不想离婚""为了给孩子一个完整的家，我受点苦不算什么""要不是为了孩子，我早就……"。

婚姻出现危机，是因为两个人的相处模式出了问题，如果只是为了孩子凑合在一起，看似为了孩子考虑，实际上是把孩子当成了挡箭牌，心安理得地逃避在这个借口里，彼此不用面对、解决婚姻问题。这是对自己、对家庭、对孩子极不负责任的态度，在这样的情况下，夫妻俩无法察觉自己的问题，只会彼此伤害。当然，受伤害最大的是孩子。

通常，父母一方会有意无意把这个理由告诉孩子，孩子因此会背负很大的压力，内心有很大的愧疚感，小孩子不懂得父母的问题应该父母负责，他们自然而然地认为：爸爸/妈妈是因为我才没有离开，他/她的痛苦应该由我来负责。

这时候的亲子关系就会出现倒置现象：孩子成了父母，父母成了孩子。孩子的身心成长受到阻滞。

小冯和丈夫结婚六年，因为丈夫经常在外出差，一走就是两三个月，长期的分居生活和性格差异，导致两个人矛盾加深，到了离婚的地步。

五岁的孩子跟小冯一起生活，从三岁起，他就喜欢观察妈妈的情绪，有时候会刻意讨好妈妈。最近两个月，小冯会在孩子面前说："妈妈只爱宝宝一个人。宝宝要争气哦，妈妈就指望你了……"

孩子突然变得像小大人一样，时不时会说："妈妈我爱你""妈妈，我长大了，我保护你""我要乖一点，爸爸就回来了"。小冯如果与孩子交流有冲突，孩子就说："妈妈你不听话，我就不保护你了。"

孩子变成了小大人，小冯却感到很心酸。

当小冯跟我讲述的时候，禁不住掉下泪来。我告诉她：父母的态度往往会影响孩子的心智成长。如果父母不和，会让孩子变得敏感、羞愧、自责、自卑，他们会认为父母关系不好是自己的过错造成的，他们会把错误归咎到自己身上，他们会努力让自己变乖，听话，让自己承担起大人的责任，有的孩子会因为父亲的缺位很小就充当起妈妈精神伴侣的角色，以此来维系自己的安全感和价值感。

但是孩子毕竟是孩子，他们的心智还没有充分成长，根本不能承担这样巨大的责任，很可能在成长中积累太多的委屈、愤怒、悲伤、难过，产生很大的无力感，孩子感知情绪的能力较差，这么多的感觉和情绪压抑在内心，就会产生行为抑制。就是说，孩子看起来很成熟，很淡定，但是这种行为抑制在孩子成年后，会构成更大的情感撤退，对外在事物产生更大的恐惧。而且，心脏病、糖尿病、高血压和其他身体疾病和精神疾病都潜伏下来，最后很可能因为一件小事成为压倒自己的最后一根稻草。

要让孩子成为孩子，才能让孩子健康长大。因此，父母要尽量单独处理好矛盾冲突，不要在孩子面前争吵，更不要在孩子面前说配偶的坏话。如果婚姻真的无法维系下去，就要向孩子说明是父母自己的问题，跟孩子无关，父母都是爱他的。而且一定要尽快消除失败婚姻里的憎恶、怨恨的情绪，尤其是不能当着孩子的面表达出来。

婚恋中发生冲突，我们很容易抓住对方的"小辫子"，也就是挡箭牌，一方面保护自我，一方面攻击对方，占领制高点。很多时候，我们打赢了"战争"，却阻隔了感情的联通。

很可能在我们又一次举起挡箭牌的时候，对方会冷静地对我们说："对不起，我已经受够了，我要离开。"

所以，夫妻都需要放下挡箭牌，和平相处。如果发生争吵，也只对事，不对人，只解决眼前的事情，不牵扯之前的问题，你能做到吗？

❽ 婚姻中，别把自己弄丢了

（1）为家庭牺牲自我

中国母亲勤劳、朴实、甘于奉献，把好吃好穿的留给孩子、老公，自己凑合一下就可以了。在物资贫乏的时代，母亲这样做会得到孩子的尊敬，母亲的快乐是看到苦尽甘来后儿女能成才、家庭能和睦。而现在，如果妈妈再这样做，会把老公和孩子惯坏，他们享受得理所当然。

许多人结婚后为了家庭牺牲了自我。比如，买衣服的时候，有的女性先考虑老公的面子，给老公买名牌，自己买衣服的时候先考虑老公是不是喜欢；孩子用的是几千元的手机，自己用一千块的或者几百块的；做饭的时候，女性或者男性会做配偶和孩子爱吃的菜，忽视自己的喜好。甚至，有的女性会以丈夫为荣，开口闭口都是"我老公说"，凡事以老公为中心，没有自己的主见。

很多人结婚后放弃了自我，同时也要求配偶放弃自我。如果配偶坚持自我的话，就会被他/她骂作自私。

一位全身心扑在家庭和孩子身上的女人，丈夫给她买名牌衣服她不要，带她出去吃大餐她嫌浪费。屡次遭到妻子拒绝，丈夫有时候会跟朋友一起出去吃饭、旅游，妻子就埋怨丈夫太自私，不顾家，不体谅自己。夫妻关系紧张，第三者也乘虚而入。

（2）在胡思乱想中迷失自己

一般敏感细腻的人，更容易关注一些细节，如果过分敏感，就易生猜疑。

小楚和妻子认识半年就结婚了。刚接触的时候，小楚觉得她虽然黏人一点，但没有什么其他的不好。结婚后发现妻子特别容易胡思乱想，小楚接了一个异性朋友的电话，就很生气，怎么解释也不信，一生气就好几天。有一次又有一个异性同事打来电话，问工作的事情，小楚怕她多想，就把免提打开，结果电话讲到一半小楚的妻子就跑了。小楚赶紧给她打电话，怎么打也不接，后来亲戚才把她叫回来。

小楚性格比较内向，也没有几个异性朋友，但只要是异性打来的电话，妻子都要气很久。妻子也说，让小楚有事情都告诉她。但是告诉她之后她也会生气。小楚感觉心太累了。

心理学研究发现，伴侣间在不同程度上存在一种"以感情为条件的自尊"，指的是一个人按照在恋爱关系中的地位来评价自己，失去了自我意识和客观评判。

所以，小楚的妻子就会不停地猜疑，不停地排斥出现在小楚身边的异性，以证明自己在小楚面前是独一无二的，以此来证明自己的价值。她的目光不放在自己身上，只盯着小楚身边，害怕可能出现的与自己"分食"的同性。

当一个人无法把精力放在自己身上的时候，他就已经失去了自己。一些女性和少数男性，把自己大部分精力都用在了胡思乱想上，胡思乱想的内容都与配偶抛弃自己、别人伤害自己有关。他们发现了一些蛛丝马迹，就会臆想对方已经背叛自己的"事实"。他们对配偶不信任，对自己不自信，每天生活在焦虑中，根本没有时间察觉自己。

（3）为何不敢做自己？

自信和自卑的区别，重要的一点是评价机制的差异。

自信的人对自己有一个整体的评价，他们运用内在评价机制，他们习惯从自己身上找原因，尊重自己内在的感觉，按照自己的直觉行事。也就是说，不管别人如何评价，他们都会尊重自己的感觉，做出符合自己意愿的决定。

自卑的人则与之相反，他们运用的是外在机制，完全遵照别人的评价来做事，而且以别人的评价来定义自己，别人对他们评价好，他们就认为自己是有价值的。反之，就认为自己是错误的、无能的。他们从不考虑自己的内在感受，不知道自己想要什么，喜欢什么，考虑的是别人的喜好，自己这么做会不会让别人满意。

自卑的人不敢做自己，因为他们以为，一旦做了自己，就会让别人不满意，这是他们最惧怕的，因为这样他们就会感到被抛弃、被孤立。所以他们拼命讨好别人，以期得到别人的认可。

然而，结果是，越是这样，别人越不会把他们当回事。原因在于，每个人都有欺软怕硬的本性，当我们试探性地发出一点攻击或越一点点边界，对方无动于衷，或者反而迎合，我们就会放下心来，得寸进尺。而他们在试探之后被拒绝，就会缩回来，告诉自己：这个人不好惹，我得尊重他。

美国著名心理学家罗杰斯曾经阐述了有些人如何形成外在评价系统。他说，在成长中，多数人得到的积极关注是有条件的积极关注，而很少得到无条件的积极关注。

有条件的积极关注的逻辑是：你必须做到A，我才能给你B。比如父母对孩子说，你考试成绩必须在95分以上，我才能带你去游乐园；你必须考前三名，我才会表扬你，否则就会批评你。想得到表扬和怕批评的心理让孩子拼命努力，为了得到奖励，逃避惩罚。这是外在评价系统形成的原因之一。

第一个案例中，我的来访者的童年就是如此度过的，父母对她的教育是：你必须做一个传统的女孩儿，我们才会爱你；你要孝顺父母，听父母的话，不要顶嘴，否则我们就不爱你了。而且她家就是传统的家庭，母亲就是这样生活下来的。

另外，过多的表扬或批评都会让孩子过分依赖外在的评价。获得过多表扬的孩子，会比较自负，他们好强上进，但是一旦失败，他们就难以承受心理打击，很容易产生逃避退缩的行为。他们惶惶不安地维护着自己在别人眼中的美好形象，很怕一点闪失，就会让自己好不容易建立起来的形象崩塌。遭受过多批评的孩子，会把父母的评价内化为自己的潜意识，认为自己就是无能的。他们会把自己的评价投射到别人身上，以为别人也是这样看待自己的。他们潜意识以为，我很弱小，我要努力让别人满意，他们才不会批评我、抛弃我。

第二个案例中，小楚的妻子就是一个极度自卑、缺乏安全感的人，她认为自己没有能力吸引老公，可能随时会被抛弃，她必须打败所有假想敌才能保住她的婚姻。

因此，他们压抑自己的内心体验与感觉，过分关注别人是怎么评价自己的，一直在想怎么样才能得到别人的好评。他们关闭了自己内心，慢慢丧失了自我的力量，认为做自己没有价值，让别人满意才会有价值。

（4）做自己，爱自己，与谁结婚都幸福

人的一生就是发现自我、实现自我的过程。犹太哲学家马丁·布伯说过，"你必须自己开始。假如你不以积极的爱去生存，假如你不以自己的方式为自己解释生存的意义，那么对你来说，生存依然是没有意义的。"

当我们痛苦的时候，有人劝导我们说"不要那么在意别人的评价"，"要知道你自己想要什么"。其实这是对的，问题是，我们无法摆脱十几年，甚至

几十年的思想禁锢。因此，我们需要很大的勇气，才能触摸到我们内心真实的感受，需要更大的勇气，才能通过一些言行，让别人知道我们的心声。

也就是说，在婚姻中，我们必须说出自己想说的话，做一些我们自己想做的事情，比如，找一个机会与配偶做一次深谈，说出自己的内心感受，或者他再找茬的时候跟他吵一架；做一道我们爱吃的菜，买几件自己想穿的衣服，自己做主去一次一直想去的餐馆，报名参加自己梦寐以求的活动，来一场说走就走的旅行……

第一，我们要行动起来，体验一下"我行我素"之后的快感。当然，这样做的时候，要承担很大的风险，比如配偶和家人会对我们的表现大为吃惊，甚至迎来更大的言语攻击，我们一定要坚持住，不要再依赖外在评价模式，坚定自己的信念。过不了多久，他们看到我们的意志坚定，就会改变对待我们的态度。

第二，摆脱"应该如此"的束缚。父母给予了我们太多有条件的积极关注，设置了太多的规矩，在我们内心形成了太多的束缚，这些束缚包括"我应该乖乖听话""我必须做到最好才可以"，我们做这些事情不是为了自己，小时候为了得到父母的认同，长大后为了得到朋友、领导的认同，结婚后为了得到配偶的认同。

没有什么事情是应该如此的，我们自己给自己设置了一条索道，要求自己必须沿着它走过去才能到达目的地。实际上，到达目的地的道路有很多，不必非要走这一条。

所以，放下自己的"应该"，除了我们必须遵循的法律和道德准则，我们可以自由地做自己，听从我们内在的声音，"走自己的路，让别人去说吧！"

放下别人的"应该"，每个人都要对自己的言行和情绪负责。如果他愿意把情绪表达出来，我们可以与他一起分担，千万不要因为他的情绪就联想自己可能被抛弃，因为他必须对自己负责，不是我们该对他的情绪负责。

解决这个问题，我们有几个步骤：第一步，觉察到自己正在进行的不当联想。第二步，命令自己停止这些联想。第三步，告诉自己，每个人都需要对自己负责，我要学会爱自己。第四步，做一些让自己愉悦的事情。

第三，接受事情的不确定性。我们人生的每一步路都是未曾经历过的，所以，每一步对我们来说都是新鲜的，都是在冒险。虽然有之前的经验，也不能全部照搬而犯经验主义错误。

做自己的人，一定要有冒险精神，要知道将来发生的每一件事情都是我们无法预测的，要跟随自己的心去解决各种问题，灵活机动地应对各类事件。

所以说，做自己不是一个结果，而是一个过程，是怀着勇敢的心在人生路上坚定地行走，用智慧化解各种矛盾，相信自己能应对将来发生的一切不确定性事件。

最后，做自己，不要依附于人，要有自己的经济能力。尤其是女性，如果早早做了全职太太，把全部精力放在家庭、老公和孩子身上，很可能我们就会成为一块随便被人丢弃的抹布。因此，女性不要放弃自己的事业，要有一定的经济能力。独立的经济能力也是我们获得自我价值、人格魅力的基础。即使将来出现婚变，我们的世界也不至于全部崩塌，依靠别人给的抚养费过活，而且因为有了足够的自信和魅力，我们依然可以把优秀的人吸引到我们身边。

有一句话说得好：你若盛开，蝴蝶自来。爱自己的神奇功效在于：我们可以将注意力放在别人身上，而不是关注别人。不爱自己的人，永远不会得到别人真正的爱。自爱、自信、自尊的女性与谁结婚都会幸福。因为幸福不是别人的给予和施舍，而是在我们找到自我之后，从内心源源不断流淌出来的愉悦的感觉。

❾ 妨碍婚姻幸福的认知思维

（1）破坏婚姻的消极自动思维

周末,妻子要出门逛街,小贺提出陪妻子一起去,结果妻子却不高兴了。小贺不明白妻子为什么不高兴。

小薛的姐姐从别的城市过来看他们一家,给他们一家三口都买了礼物。姐姐走后,妻子却生起闷气来。

小狄今天在外面做业务,做完之后早早下班回家,想好好陪陪妻子,没想到妻子反而有点生气。

我们看起来很不错的事情,为什么当事人会生气呢?因为我们前面提到过,情绪来自于我们的思维,就是我们对事物的看法。上面的几位妻子都因为悲观地解读了对方的意思,所以才会出现消极的情绪。

我们来看一下,他们分别是怎么解读的。

第一位妻子：他本来就疑神疑鬼的,怕我自己出去跟别的男人约会吗?这是要监督我吗?

第二位妻子：我们上次去看他们,给他们买了贵重的礼物,这次就买点土特产打发我们，真是够了。

第三位妻子：他这么早回来干吗？是要查查我在干什么吗？他平时爱挑剔，看我地没擦好，又该唠叨了。

事件发生之后，第一个进入大脑的思维就是自动思维，如果这个思维是消极的，我们称之为"消极自动思维"。这些思维很可能基于我们过去的经验，也可能是自我评价过低产生的消极投射。因此，即使爱人做的事情是积极的，都有可能产生消极的理解。而这些思维对夫妻相处是极为不利的，它很容易引起误解，产生冲突。

婚姻中，包括与人相处的时候，对方的言行只是一个触发物，它并不能引起我们的任何情绪，真正引起我们情绪和反应的是我们的内部对话，也就是上面例子中妻子们心里的话。我们的大多数情绪，包括愤怒、内疚、委屈、难过、担忧、抑郁、愉快、兴奋等，都是由这种内部对话引发出来的。

有一句话：没有人能够让我们生气，除非我们自己愿意。就是这个道理。外界的人与物都是客观存在的，真正让我们生气的是我们自己的认知思维，如果我们消极地理解它，我们就会生气；如果我们积极地理解它，我们就不会生气。

所以，对于消极自动思维，我们可以这样做：意识到它的存在，及时地转化它，用正面的解读取代负面的解读。比如，小贺的妻子应该这样想：有老公陪着，一来安全，二来有人帮我拿东西，很不错。

（2）你拥有的，正是你所期待的

我们想一下，我们自己现在拥有的婚姻关系，是幸福快乐，还是痛苦煎熬，还是平平淡淡呢？

其实，我们所拥有的关系，不只是婚恋关系，都是我们潜意识相信并期待的，不管我们在意识层面是否能够感知。

这一切，源自我们自己内在的一个个信念，这些信念引领我们一步步走向幸福或者痛苦。这就是自我实现的预言。

科学研究证明：我们对自己的认识，大约有96%是潜意识的，大约有4%是意识层面的。也就是说，真正造成我们现在这样状况的，不是我们意识决定的，而是我们潜意识控制的。比如一个非常自卑的人，他的自我实现的预言是：我没有资格得到幸福快乐。虽然他意识上很想快乐起来，但是因为潜意识的巨大力量，让他一直在痛苦中纠结着，把爱人一点点推走，把快乐一点点清除掉。

因此，我们需要改变我们潜意识的这些认知信念：

我是不会得到幸福的→我一定可以得到幸福。

我是不被爱的→我爱自己，也会被别人爱。

我们的关系已经这样了，已经改变不了了→我们关系虽然不好，但是是可以改变的，只要我们做出努力。

当我们改变了这些控制我们的信念，我们的人生会开启不一样的旅程。

（3）妨碍婚姻的认知理论

① 猜测预设。

人际关系的预设大多是消极的，我们总是把对方的言行想成不好的，想当然地认为对方在针对我们。比如，我们听到配偶在电话里与同事说笑聊天，就会想：他这是故意做给我看的，他就是让我知道我不理他，还有很多人跟他关系不错。再如，妻子看到配偶唉声叹气，她想：一定是我哪里做得不好让他生气了,他是不是想要跟我离婚呢?其实,我们并不知道对方真实的想法,通过自己的猜测,预设了消极的结果,这是非常不合理的。

②扩大与夸张。

我们常常习惯性地过度夸大配偶的某些缺点,这样的状况通常在女性谈论自己老公的时候出现,比如,一个丈夫比较爱花钱,他的妻子会说:"他花钱从来没有计划,他是有一个花两个的人。"一个丈夫爱与朋友一起出去聚会,妻子就会抱怨:"他从来不顾家,几乎没在家吃过一顿晚饭。"其实,这些话不只是在闺蜜圈谈论,在家里她们也是这样跟自己的配偶表达的,所以难免会有争吵。

③以偏概全。

以偏概全就是用片面的观点看待整体问题,比如女孩交了几个负心男友,就得出结论:男人没有一个好东西。晕轮效应就是一种以偏概全的主观心理臆测,在婚姻中,我们看到配偶的一个缺点或一次过失,就把它推论到整体,全盘否定。习惯性的表述是这样的:你从不考虑我的感受;你从来没有好好听我讲话;你总是迟到等等。这种认知理论是一种主观偏见支配的绝对化思维,通常用的词语是"总是""从来没有""一直都是"。这样的认知就像除草剂,不但杀死了杂草,连小苗也杀死了。也就是说,我们在责备对方的时候,把他全盘否定了,这样的打击是没有人能承受的,必然激起对方激烈的反击。所以,这是最具破坏力的认知思维之一。

(4)改变有毒的认知模式

消极的认知思维一定是片面的,而且是有倾向性的,它会朝着伤害自己和婚姻的方向发展。因此,改变这些信念是势在必行的。

第一,我们必须放下猜测和预设,因为我们永远无法知道别人内心真实的想法。我们用自己的思维去解读别人，肯定是有偏差的。我的大部分来访者习惯性运用这样的方式。其实，这是一种超自恋的表现，他们以为自己具有超能力，能看透别人内心的想法，虽然这些猜测都指向自己。当他们在猜测了消极的结果之后，就会调动自身能量进入防御和反击，实际上，这是我们自己虚构的战争。所以，我们需要回到现实，用积极思维解读对方的意思，或者去向对方澄清他真正的想法。

第二，夫妻相处，很多事情不要过度夸大。我们夸大事实，其实是想引起对方的注意，当然也会发泄对配偶屡教不改的怨气，但是这样的方式很难被对方接受，一直用泄愤的方式，就会激起对方更大的逆反心理，事与愿违。所以，如果对方有了过错和不足，我们可以直接指出来，实事求是，就事论事，这样对方也容易接受。如果我们能进行适当引导和鼓励，对方会得到更多的成长，夫妻关系也会更和谐。

第三，杜绝以偏概全。避免使用"从来没有""总是"等词汇，不给对方贴标签，不因为对方的错误就一竿子打死。而是在指出对方过失的时候，给对方信任和期望，比如，我们可以这样说：今天的事情，你只站在你的角度考虑，没有顾及我，我感到很受伤，我相信你是爱我的，希望你以后考虑一下我的感受再做决定。这样的表述与"你从来不考虑我的感受"相比，效果是一样的吗？

第四，要学会宽恕。从另一个角度讲，消极的认知思维能伤害自己，或是在用别人的错误惩罚自己。如果我们给配偶贴上了冷漠、顽固、不顾家、控制欲强、自私的标签，就会很难宽恕他，也很难解脱自己。也许你认为宽恕了别人就轻饶了他，这就错了，宽恕别人是解脱自己。所以，宽恕，是一种自爱行为，爱自己的人才能学会宽恕。宽恕，就是转化消极思维为积极思维，能为对方的行为找"借口"说服自己放下烦恼。

其实，这些思维不是不可控的，只要我们愿意去调控，一切都不是问题。所以，监控自己的这些消极思维，然后"转念一想"变成积极思维，我们的人生就会多一抹亮色。

10 健康的婚恋关系是一种疗愈

（1）心理情结在婚姻中再现

人在成长过程中，与父母相处，与周围人互动，多多少少都会产生一些心理情结。创伤性的经验，未满足的愿望，情感困扰或道德冲突等，都会导致某种情结的形成。有的心理情结可以在成长中得到自我疗愈，有的深层次的心理情结我们自己无法察觉，更难以修正，常常被带入婚姻中。

我们与周围人的所有关系模式，都是父母关系模式的再现与延伸。也就是说，表面看我们在与朋友或配偶相处，实际上是不断重复自己与父母的相处模式。我们把对方看作自己的理想父母，不断在对方身上索取爱和安全感。

而我们没有解决的心理情结，会随着我们一并进入婚姻，带进婚姻的情结越多，我们的婚姻就越危险。

小曹的父母在她很小的时候经常吵架、冷战。

因为母亲一直挑父亲的错，受母亲的影响，小曹结婚后认为婚姻出现问题都是对方的责任。老公回家晚了，打电话不接，她会固执地认为老公不在乎自己。于是小曹经常跟老公吵架，两个人的关系越来越冷淡。小曹开始跟闺蜜抱怨，老公如何不好，自己多么受委屈。

家庭给小曹造成很大的心理创伤，她跟着母亲学会了挑剔、推卸责任，内心缺乏安全感，需要别人的认可才能感觉到价值感等，她带着心理创伤营造自己的婚姻，就会无限制地索取爱，而老公无法满足她的内心需求，她就会和妈妈一样跟自己的老公吵架。

婚姻的痛苦让小曹来求助，当我帮她做了上述分析，她一下子醒悟了："我以为我跟我妈妈不一样，原来我跟我妈妈一样。"

第二次咨询，她把老公也带了过来。小曹的老公很老实，不善表达，对小曹也很照顾。听我对小曹的一些行为做出分析，他说出了自己内心的感受，理解了小曹行为背后对爱的渴求，表示愿意帮助小曹一起成长。

（2）容易被触动的"心理按钮"

婚姻中，配偶不经意的言行、神态都有可能把我们激怒，或者我们对配偶的性格或者习惯忍无可忍，有时候事后我们自己都感觉有些小题大做，为什么当时会那么生气呢？

原因是在当时的情境下，配偶的言行或神态会瞬间击中我们的"心理情结"，也叫"心理按钮"。小时候父母对我们的批评、惩罚或虐待产生的痛苦一直没有得到处理，它就像一个没有痊愈的脓包，表面结了痂，但是里面却是溃烂的。当现实的情境与小时候的情境吻合，我们立刻被拉到儿时，又重新经历被父母苛责的痛苦。也就是说，我们爆发的情绪不是现实的，而是引爆了过去积压的情绪，所以有时候会觉得小题大做。

我一个来访者小常很怕自己被忽视，因为他是家里的老大，在他四岁的时候，父母又生了一个弟弟，看到爸爸妈妈、爷爷奶奶都围着弟弟转，他感觉自己受到了极大的忽视。而且爷爷奶奶会跟他开玩笑："生了小弟弟就不喜欢你了。"小孩子不知道这是玩笑，他真的认为父母都不喜欢他。他通过捣个小乱来引起父母的注意，但是父母除了斥责他不懂事，不会给他足够的关爱，这让他非常失落和痛苦。结婚后和妻子生活还算和谐，但妻子的娘家是一个大家庭，经常会有一些家庭聚会。一次在聚会的时候，妻子忙着招呼其他人，没有顾上叫他，他一怒之下离开了岳母家。

妻子很困惑，不知道哪里惹到了他，让他这么不给面子就离开了。

当小常对妻子说出自己埋藏在心中多年的感受的时候，妻子理解了小常为什么做出这样的举动，也表示愿意给小常足够的关注，弥补他童年被父母忽视的伤痛。

如果配偶的某些做法让你勃然大怒，我们一定要觉察到这是配偶无意识地按到了自己的"心理按钮"，也要明白配偶不是故意惹我们生气，而是我们自己内心的创伤被触动，激起了童年痛苦的体验。我们可以在平静之后跟配偶说出小时候的心理创伤，争取得到配偶的理解，尽量避免刺痛我们。

（3）健康的婚恋关系能医治创伤

健康的婚恋关系是一种疗愈型的交往关系，双方彼此尊重原来的样子，不试图改变对方。两个人在相互陪伴中获得了心理上的满足，但是如果对方因为工作或其他事情不能时刻陪伴也不要感到失望和寂寞。这种关系是自由平等的，不会因为对方地位高低和挣钱多少而发生倾斜。在亲密关系中，双方付出理解、支持和鼓励，男人会接纳女人的情绪而不试图帮助她解决问题，女人会理解男人的处境并给予他一定的自由空间。如果产生矛盾和误解，双方的矛盾也是短暂的，会因为合理有效的沟通而化解，他们不会用对方的错误惩罚自己，更不会迁怒于其他家人。他们是相互独立而彼此依存的，他们会给彼此的人生增色，而不是填补彼此的心理空白。

如果遇到一方或双方心理情结比较严重，需要做深层次的治疗。比如上面的两个案例，配偶一方足够强大，能包容理解配偶的心理创伤，愿意为他/她做出改变，可以修补配偶受伤的心灵。

我们不能把希望都寄托在配偶身上，要做到自我觉知。

首先要觉察出自己的哪个心理情结被触动。比如，小常的心理情结是"害怕被忽视"，小常可以培养一种理智的思维——觉知力，它起到监控潜意识的作用。每当有这种感觉出现的时候，身体或情绪上都会有反应，就能很快意识到。

然后改变思维和情绪。告诉自己：停一下，先不要生气，先了解实际情况是什么样的。然后客观观察，是别人故意忽视，还是自己过于敏感。极有可能是第二种情况，于是改变思维：我这是在重复小时候与父母的关系模式，太被动了，我应该主动与人交流。思维转变了，消极情绪也会随着改变。

最后付诸行动。思维再多也是想法，需要付诸行动才是真正的改变。小常可以主动与人交流，长长眼，动动腿，多做点事情，作为年轻人照顾一下年长的亲戚，这样就会得到相应的价值感，而不是感觉被忽视和排斥。

另外，夫妻之间最好定期进行有效的深层次沟通，心理创伤疗愈的同时，也可以促进夫妻关系的和谐。

第六章

婚姻中的小冲突处理

——如何化解婚姻中的矛盾冲突

❶ 男女之间的差异

（1）女人重感觉，男人重视觉

我们都有体会，上学的时候，熄灯后，男生在宿舍讨论哪个女生漂亮，女生讨论哪个男生更让自己有感觉。男生对女生的评价几乎一致，女生心中却各有各的"白马王子"。

为什么如此，是因为大多数男生是视觉型的人，大多数女生是感觉型的人。

人从直觉角度划分有三种类型：视觉型、听觉型、感觉型。

视觉型的人用眼看世界，听觉型的人用耳朵听世界，触觉型的人用直觉感受世界。

视觉型的人喜欢说一些与视觉有关的形容词，比如：你看，大会堂好雄伟哦！这个杯子很漂亮！语句中会出现"看""见""展示""想象"等词汇，比如：你对这件事怎么看？你怎么看待这个人？你想象一下，未来会是什么样子？他们眼睛习惯往上看，因为他们根据你的描述在看自己脑海中呈现的图像。

他们一般行动敏捷，一边说话一边做手势，呼吸快，语言简洁轻快，能一边打电话一边敲键盘。视觉型的男人喜欢评判女孩子的衣饰和外貌。他们讲话喜欢开门见山，不在乎细节与过程。他们衣着得体，很会为女孩子提出搭配建议。他们喜欢清洁整齐的环境，不喜欢烦闷单调。

听觉型的人喜欢模仿，尤其是模仿声音。他们往往口才比较好，能言善辩，在陌生的地方能很快学会当地的语言。他们对周围环境比较敏感，喜欢安静的环境，无法忍受噪音。与人交往喜欢说也喜欢听。他们一般比较理性，重逻辑，说话条理性比较强。他们做事按部就班，很少有打破常规的时候，喜欢有节奏感的音乐，听音乐时喜欢打拍子找节奏。他们内心经常会有两个人在对话，有时候会自言自语。

感觉型的人，语速较慢，讲话时有时要想一下才继续讲下一句，给人成熟稳重的感觉。他们动作较少，稳重，不喜欢说话，能长时间静坐。他们注重情感，对周围事物的评判凭借自己的感觉，在意别人对自己的态度，喜欢别人关注自己，注重人与人之间的关系，对外表和声音关注不大，重视事物的意义和感觉。他们批评别人多是针对别人对他的态度，或因为对事情不满意等。

感觉型的人习惯用的词汇有"觉得""以为""认为""感觉"等。他们的眼睛多看向右下方，这样可以触摸到自己的内在感觉。

男人大多数是视觉型的，因为某些外在刺激就可能产生冲动，他们的冲动快速凶猛；而大多数女人则是感觉型的，她们需要充足的爱抚才能引起必要的冲动。

（2）男女的智力特点的差异

一般以为，男女的智力水平是交替领先的。而现实生活中，也确实存在这种现象。小学时期，女孩子的成绩往往比男孩子好，到了中学，尤其是到了高中，男孩子的智力水平迅速上升，超越女孩子。我认识几个男孩子，中考的时候成绩很一般。到了高中，一年一个突破，到了高考，成绩排在上等，考上了重点大学。而我的来访者中有几个女孩子，小学、初中都名列前茅，到了高中，因为接受不了之前比自己差的人超过自己而产生过度焦虑。

这些现象存在，其实与男女的智力差异和课程设置有关。一般来讲，女孩子在语言流程、记忆、空间想象、直觉等方面较占优势，男孩子在算术理解、空间关系、逻辑推理、抽象运算等方面较占优势。在小学时期，课程安排主要倾向于语言和形象思维能力的培养，而女孩子在这方面又有优势，因此小学期间女孩子的成绩要优于男孩子。到了中学，理科占的比重越来越大，男孩子的优势就能发挥出来了，而且到了高中，文理分科，理科对于男生更有得天独厚的优势了。当然，取消文理分科后，男生的优势可能会受到一些限制。

还有一个原因，男女的心理状态也会影响他们的智力发育。一般来看，动机的强弱决定着成绩的高低，也就是说，成就动机越强，越能取得好的成绩。但也不尽然。如果目标任务比较容易完成，动机越强成绩越高；如果目标任务较难完成，中等强度的动机能够屏蔽周围的干扰因素，能取得较好的成绩。过高的动机水平反而会引起更大的焦虑，不利于取得好成绩。

以上这些是未成年人智力差异的原因。成年之后的男女智力差异更加明显，各国政要、商界精英、科研专家……各行各业的佼佼者，男性的数量大于女性，这是否说明男性的智力超出女性的智力呢？

显然不是，心理学家在研究了女性心理发展之后发现，从青春期开始有一个定律，对女性的心理和智力发展有着很大影响，即女性化—成就不相容定律。这个定律的主要内容是：追求成为合格的、被社会承认的女性，与追求成就，做被社会承认的有价值的人之间是不相容的。

因为社会对女性是有一定要求的，女性要有女人味，最好能小鸟依人，温柔贤淑，做一个贤妻良母。如果女性与男性一样，追求成功，上进心太强，就会受到父母和周围人的指责。这样的社会要求大大影响了女性的心理发展。她们对成功的期望值降低，觉得自己理应比男人弱，形成依赖心理，创造力和行动力都受到影响。

其实，智力高低是无法评判的，男女都有擅长的一面和薄弱的一面，只要发挥出自己的优势，就可以取得自己想要的成就。

（3）男女思维方式的差异

① 女人需要倾听和理解，男人需要解决问题。

男性和女性就像是两种不同文化背景的人，他们在沟通时用的是不同的方言：男性主要的沟通风格是"报告式"，即以事实陈述为主，意图吸引他人注意力、获取更多信息、赢得对话主动权并建立自己的身份地位；女性的主要沟通方式则是"关系式"，即以表达情感为主，意图通过分享私人情感、带有"移情"态度的倾听，拉近并建立、保持与对方的紧密关系。

男女之间的这种思维差异，源于男性骨子里的权威欲望和寻求身份地位认同的渴望，女性内心则有与人建立亲密关系、得到接纳的强烈动机。

因此，男性更注重力量、能力、成就等，他们的自我价值是通过获得成就感来体现的。当男性的意见被采纳，他们内心就会很满足，能找到被人需要的自我价值感。他们一般会单刀直入，直接解决问题。他们关注的是问题，不是情绪。但在同性之间，他们最不愿意别人告诉他们该怎么办，如果他没有提出要求而别人主动提供了帮助，这意味着对他能力的否定，对他的不尊重、不信任，是一种冒犯。

而女性在与同性诉说或求助的时候，她们扮演的往往是受害者，她们会把自己讲得很惨，以弱者的姿态在听众中博得更多的同情和共鸣；如果女性与男性倾诉，她们希望对方能够理解和安慰自己，能与自己站在同一战线上，这样她们才会觉得自己被关注。也就是说，她们并不急于想要别人帮自己想办法解决问题，她们最需要的是心理上的安慰，然后再去解决问题，或者根本不用解决问题，她只是希望自己的情绪被接纳，不至于显得自己很奇怪。她们关注的是情感，而不是问题。

② 女性能设身处地为别人着想，男性缺乏同理心。

年轻的时候一直以为，男孩子最怕女孩子哭了，一哭就会哄。结果结婚后根本不是那么回事，偶尔吵架，我一哭，人家就厌烦地走开。我一直以为他是铁石心肠，冷血动物。我有几位女性朋友，也有同感，两个人一起看电视，女的哭得稀里哗啦，男人还在旁边说风凉话。后来查了资料才知道，原来这是性别差异，男性缺乏同理心。

一般男性极少感情用事，他们尽量不表露内心的情感，尤其是悲伤、难过等情绪，他们会觉得表露情绪是件很丢人的事情。因为中国的传统教育讲究"男儿有泪不轻弹"，男人要顶天立地，不能儿女情长。这样的教育观念让很多男性拒绝跟妻子交流内心感受，一般会选择逃避或者一言不发。

因为他们接纳坚强的小我，排斥脆弱的小我，所以，当遇到弱者的时候，他们一般会选择远远走开，甚至找各种理由安慰自己。

英国一个研究所做过一个实验，研究人员找来一个8岁小女孩，将她打扮成在街头流浪的样子，测试路人的反应。伦敦街头，人来人往。在一个小时以内，有41位女性上前询问小女孩，问她是否遇到了麻烦。有的女性甚至担心地返回来好几次，直到研究人员告知真相。而与之形成鲜明对比的是，停下来的男性只有一位。研究人员访问了一些匆匆走过的男性："为什么不上前询问小女孩？"男人们"理由"充分："我以为她在等人。""我看到她穿的是新鞋，看起来不像遇到了困难。"还有的男性担心自己被人看成有恋童癖的人，所以选择了忽视。

如果你的老公很"冷血"，不要着急，因为这不是他们的错。

③ 男女理解能力大不同。

不少女人抱怨：我觉得他越来越不在乎我了，我都暗示了好多次了，他都无动于衷。而且他一点都不关心我，不想知道我心里怎么想的。

如果女人希望找到一个能读懂自己的人，自己一个眼神、一个表情都能让对方猜透我们想要什么，那我们的期望恐怕要落空了。因为男人是最不懂得，也不愿意花心思去揣摩女人心思的，尤其是结婚后。

为什么会有如此不同呢？因为男性和女性有不同的思维方式，男人的思维方式是"梯形"，女人的思考方式是"扇形"。

男性的"梯形"思维模式是这样的：当他遇到一个问题的时候，就会想尽办法解决这个问题，想到可能会出现的状况，考虑周全，筛选出最佳解决方法。他们一般很少联想到其他方面。

女性"扇形"思维方式的特点是：遇到一个问题，不只是想遇到的问题，还会通过这个问题联想到很多别的问题。也就是说，遇到一个问题就相当于遇到很多问题，然后就不知道怎么办了。比如，我的一位女性来访者生了宝宝，因为与婆婆关系不好，不想让婆婆带孩子。结果她就想出很多问题：孩子大了，婆婆还不走，要在我家常住怎么办呢？婆婆要是不走，小叔子小姑子家的孩子也要在这里跟着婆婆怎么办？他们要是联合起来把我赶出去怎么办？如果小叔子媳妇看我家孩子比她家孩子聪明，对我孩子不利怎么办？……当然，她的问题属于病态联想，不过，女性的思维模式就是如此夸张，能把一个芝麻夸张成一个西瓜。

打个比方，一个男人和一个女人说话，将男人和女人的理解比作海中冰山，男人对女人言语的理解就是冰面以上能看到的部分，也就是语言本身的内容。女人则大不同，她们的理解不只包括冰面以上的部分，还包括冰面以下超大的一部分。

很多时候，男人会说女人：你自己吓自己。确实如此，女人自己联想出来的东西，已经远远超过了问题本身。

现在我们的抱怨该停止了，不要让男人猜，也不要高估男人的理解力，有什么想法就要讲出来。

也可以这样理解，女人的思维是发散的，男人的思维是线性的。如果女性内心没有太多恐惧，发散思维能找到更多解决问题的途径。

（4）男女情绪表达方式不同

① 女人重视过程和情绪，男人只表达结果。

女人心里想的和嘴里说的容量大致相似，即使不跟老公讲出来，也会倾诉给闺蜜或者朋友，或者寻求心理帮助。男人则不同，他们心里想的与嘴里说出来的极不对等，说出来的远远少于心里所想的。而且他们说的一般也只有结果，不会出现思考的过程。

比如，在朋友聚会中，如果女人迟到了，会喋喋不休地讲路上遇到了什么、心里的感受和情绪变化等，目的是赢得别人的同情和谅解。男人则不同，一般只会说："不好意思，路上堵车（或发生一些意外的事），让大家久等了。"

大多数男人往往采用最简单的方法，避免与人进行深层次交流，他们不愿意让人过多地了解自己的事情和经历，尤其是情绪。这源自他们内心担心被人知道弱点的恐慌，害怕自己努力塑造的强大形象被破坏，容易被人攻击。

② 男女对于情绪的理解，不在同一条线上。

其实，男性很容易忽视自己的情绪和感受，受表达能力的局限，即使有情绪，他们也会用单一的词语表达。比如，男人会说：我很痛苦（生气）。而女性会用更加丰富的词语表达自己的感受，诸如：委屈、难过、伤心、悲痛、愤怒、心酸、愧疚等。

男人一般借由身边女性的嘴来表达自己的感受，而女人又喜欢揣摩别人的感受，同时女人的表达能够让男人更确切地了解自己。所以，具有忧郁气质的男生更容易吸引女生，偏内向的男生更喜欢开朗的女生。

在亲密关系中又有不同，由于男性的情绪可能由一件小事引起，女人在解读的时候运用女性细致的观察和扇形思维过度联想，很容易误读男人的情绪。而女人又笃定地相信自己的猜测是对的，这就造成了很大的误解。

③女人习惯往外发泄情绪，男人喜欢自我消化情绪。

多数女人有了情绪会通过各种渠道发泄出来，比如跟老公吵架、跟朋友倾诉，还有的把情绪发泄到孩子身上（这是非常不可取的）。

我老公有时候一进家门，脸色凝重，我会问："今天发生什么事了，怎么看你不高兴？"他面无表情地说："没事。"问得多了，他会心烦："以后别说我不高兴了，本来没什么事，你非说我不高兴，我就真不高兴了。"

我开始一头雾水，心想：本来是关心你，你却这个态度。于是我也生气不理他。后来我了解到，原来男人大都有自己的一个"洞穴"。美国心理学博士约翰·格雷的关于两性情感最著名的《男人来自火星，女人来自金星》一书中提到男人的"洞穴"，所谓"男人的洞穴"，就是他的自我天地，他的精神世界的"隐蔽所，是他退避与休憩的心灵圣殿"。为了让自己心情好转，男人会进入他的"洞穴"以便独自解决当下的问题。

但是，男人在"洞穴"里独自消化自己情绪的时候，他们的冷漠会给伴侣造成很大的影响，缺乏安全感的妻子会过分夸大对方的情绪，男人越是沉默，女性越是消极猜测，最后导致女性不堪压力爆发。

最好的办法，就是让男人在洞穴里待上一段时间，不挤占他的空间和时间，允许他"闭关"一小段时间。我的做法是：当他出现这样的状况，不过多过问，回家各做各的，彼此有事会说一下。当他真有事的时候，他会主动讲出来，大家一起商量解决。

（5）男女核心恐惧不同

但是，男女因为成长环境和社会要求不同，内心也有不同的恐惧，我们称之为"核心恐惧"。

大多数女性最恐惧的是断绝关系。她们害怕不被珍惜、不被关心，害怕对方不再爱自己，害怕自己孤单一人，害怕被抛弃。她们内心缺乏安全感，为了能从对方身上得到安全感和被爱的证明，她们变得黏人，会不停地打电话追问男人的去处，会仔细观察男人是否有出轨的动向，会无理取闹要求男人哄着自己等，甚至会变得苛刻泼辣，具有攻击性。其实她们的行为背后明明打着这样的烙印：不要忽视我，不要抛弃我，请你爱我，陪伴我，我需要你。

大多数男性则不同，他们的核心恐惧是害怕被控制，害怕被吞噬，惧怕心中的无助感。他们害怕自己被击败，害怕别人贬低讥讽，害怕自己的空间被侵占，这样他们就会失去自我的力量。他们为了保护自己，有些人变得暴怒，用怒气吓退对方的进攻，有些人选择退缩、冷淡，隔绝自己与对方发生连接。他们会在心里不断告诫自己：我不会让你伤害我，我会控制局面。

你有没有这样的体会，男人给女人打电话："喂，你在哪儿呢？干吗？"女人会乐颠颠地告诉男人，心里还觉得男人好体贴，好关心自己。反过来，女人给男人打电话："老公，你在哪儿？在干什么呢？"男人一般都不高兴："问这么多干吗？我在外面，和朋友在一起，一会儿就回去。"

明白这些核心恐惧，我们就应该知道在夫妻发生冲突的时候，尽量避免说出过激的话，做出过激的行为，激怒对方，直接伤了对方的心，要挽回感情就难了。

❷ 如何解决夫妻间的差异

每个人都是一个独立的个体,当初因为个性差异彼此吸引,热恋之后建立婚姻,却发现,两个人有太多的不同,真正找一个能心灵相通的人,实在是太不容易了。

确实如此,即使在同一家庭中长大的亲兄弟还有太多的差异和矛盾,何况两个家庭背景、生活圈子不搭界的人呢。

夫妻间的差异主要有以下几个方面:

① 素质差异。包括文化修养、道德观念、处事能力、工作能力、工作职务、对外界压力的反应、个人意志力等。

② 习惯差异。如兴趣爱好、生活习惯、表达方式、性格特质、应对方式等。

③ 心理差异。如看问题的角度、思维方式、包容度、心理承受力、情绪控制力等。

④ 价值观差异。如对事物的认知、消费观、理财观、爱情婚姻观、性观念等。

⑤ 个体差异。如年龄、职业、家庭出身等。

差异导致生活丰富多彩,也会导致矛盾不断,我们需要正确看待差异。

（1）差异只是差异，没有对错

世界上的事物都不是绝对的，都是相对存在的，所谓"存在即合理"，那么对错也是相对的，是人为规定的。两个人之间的差异，只是表明我们两个人是不同的，来自不同的家庭，有不同的性格和表现，不能说谁对谁错，更不能说谁高谁低，谁优谁劣，谁主谁次。

当初，我们选择结婚的那个人，是我们认为适合自己的，这种适合可能远远超过我们的想象，似乎被一种很神秘的力量引导着，我们很可能选择与我们互补的那个人。因为互补，所以差异更大，差异大就会有矛盾。

面对一些习惯差异，我们无法改变对方，不如坦然接受对方与自己的差异，告诉对方：我知道我们有很多不同，你是你，我是我，这样生活才有意思。当然，如果有我们忍受不了的差异，可以适当做些让步，比如，上面的案例中，妻子可以对丈夫说："我知道你的生活习惯与我不同，你能不能晚上临睡前洗脚后再上床？"

还有一些经常为鸡毛蒜皮小事争吵的夫妻，很大一部分是因为不能接受双方的差异，总觉得自己是正确的，总想着去控制对方，改变对方，争出一个输赢对错，那么，矛盾就会持续不断，甚至引发更大的矛盾。

有些价值观的差异是很难调和的，即使这样，我们也不要把自己的想法强加给对方，不要去贬低讥讽对方。我们可以让对方知道：在某些方面，两个人的观念不同，自己会尊重对方的价值观，希望他/她在适当的时候满足自己的愿望。

（2）差异是有积极意义的

世界上没有完全相同的两片树叶，因为差异才有了这个丰富多彩的世界。我们举个例子，假如你生活在未来时代，你选择了一个机器人做自己的配偶。

这个机器人配偶对你言听计从，你有做王的感觉。那么，这样的关系会维持多久呢？就如我前面谈到的一个观点，好女人容易被抛弃，一方面是因为对方的好让我们有愧疚感，另一方面是因为过于平淡，没有激情的生活让人感到乏味。

天天跟自己的影子相处，没有多久就会感到毫无味道。人是重情感体验的，没有波澜的情感会让人感觉味同嚼蜡，弃之不及。

所以，差异的积极意义在于，我们可以有机会丰富自己的生活和情感体验。夫妻间的差异可以作为我们探索对方、了解对方的契机。我们带着好奇去与对方相处，处理差异造成的分歧和矛盾，并寻找有效方式解决矛盾。当解决了一个个矛盾之后，夫妻之间的感情也会融通，加深彼此的亲密度，而且能够拓宽我们原有的思维和行为模式，让我们在处理差异的过程中得到共同成长。

小戴是一个"90后"女孩，结婚不到一年就闹着与老公离婚，原因是两个人性格差异很大。婚前老公对小戴的关怀无微不至，婚后发现他大男子主义，喜欢挑剔和控制，而小戴个性很强，不愿意被老公压迫和控制，两个人经常为一些小事情吵架。后来因为多次产生矛盾，两个人因为婚姻濒临破裂来寻求婚姻救助。

我帮他们找出问题的根源：彼此都过于关注自我体验，没有顾及对方的感受，不肯接纳彼此的差异，还有原生家庭中形成的心理情结等。当他们认识到各自的问题，接受了一些婚姻指导，愿意为婚姻做出努力的时候，双方的情绪有了很大缓和，离开的时候两个人是手拉手的。

差异带来冲突，冲突带来痛苦，但是，任何痛苦都是"化妆的祝福"，是上天用它来提醒我们：到了该改变的时候了。我们如果能充分体察自己的痛苦，找到根源，彼此都可以在婚姻关系中得到成长。

（3）与差异和平共处

心理学研究表明，婚姻关系中，69%的问题是无解的。我们大家都深有体会，有些毛病，挑了一辈子对方都没有改变。比如，我与老公结婚二十年。老公心思细密，从结婚开始就有记账的习惯。我性格大大咧咧，对钱没有什么概念，刚开始在他的监督下记过一段时间，后来忙了烦了就不记了，为此吵过好多次，相持了不下十年，后来他看到实在改变不了我，就放弃了。他记他的，我花我的。

一般情况下，你会通过命令、控制或强迫等方法消除差异，使对方与自己保持一致。但是，你越想改变对方，对方的问题越明显。夫妻双方就在控制与反控制中不断累积矛盾。我见过一些夫妻，因为不接受对方的差异，总想改变对方，争吵几十年，孩子大了实在过不了了，就离婚了。也有的夫妻争吵一辈子，甚至经常摔坏家里的东西（水杯、碗筷、锅盖等响声大不值钱的东西），但是却能相安无事过一辈子。

（4）差异不是问题，问题是如何解决差异引起的矛盾

差异造成误解，误解导致冲突。差异并不可怕，在相处中由于差异带来的矛盾冲突才是我们需要关注的问题。

如何解决差异引起的矛盾呢？

任何一种带有倾向的解决方式都会带来新的矛盾，累积愤怒，所以要想真正解决矛盾必须做到双赢。

第一步，我们要在最初表达自己的立场和观点。

婚恋之初，我们习惯于掩饰自己，不表现出真实的想法和观点，很在意自己给对方留下的印象，使对方以为遇到了一个对自己好、懂自己、跟自己沟通毫无障碍的人。随着感情加深或者婚姻平淡，我们越来越不愿意讨好附和，双

方的差异也会越来越大，对方由于心理失衡会产生很大愤怒，从而引起更大冲突。如果我们之前先表明我们的立场的话，对方会权衡之后做出选择，对方先接受了差异，再积极地去解决这些差异，矛盾自然就会少很多。

第二步，先不要着急改变对方，一起探讨各自立场背后真正的需求是什么。

我们做出的每个决定，都是经过潜意识审核通过的，也就是说，潜意识里都隐藏着我们真正的心理需求。或是担心、恐惧，或是期待、渴望等。这些心理需求才是我们真正在乎的，想要真正得到满足的。比如上面的案例中，小戴想周末回家陪父母，因为做人妻很辛苦，她希望回家享受做女儿、被父母照顾的幸福快乐。丈夫却想和朋友一起去野餐，他担心的是如果自己不答应朋友的邀请，怕被朋友笑话自己"妻管严"。

如果妻子和丈夫都各自坚持自己的决定，两个人的争吵就会升级，各自抱怨对方不理解自己，只考虑自己。但是如果说出内心真正的心理需求（双方也可以把自己心里想说的写在纸上，放在一起），就会更大程度得到对方的理解和支持。丈夫明白妻子渴望被关爱的心情，妻子明白丈夫重视友谊和想拥有自己空间的心理需求。

第三步，双方寻找双赢的解决方案。

明白了两个人的需求，在相互理解的情况下，做出符合两个人心意的决定，比如，这个周末妻子先陪丈夫去野餐，下周末回家陪父母。或者双方相互理解，满足各自的需求，互不干涉。相聚之后相互分享各自的收获和快乐。

美国著名心理学家萨提亚说：人们因相同而有联结，因相异而有所成长。夫妻之间因为差异有了分歧和矛盾，我们可以把这些矛盾作为提升自我的契机，体察自我，体验对方，拓宽心胸，提升自我。这样，我们的家庭才会更健康和谐，我们的人格才能更健全。

❸ 小冲突引起大灾难——如何化解小冲突

俗话讲，一个锅里吃饭，舌头没有不碰牙的，勺子没有不碰锅沿的。

恋爱的时候卿卿我我，花前月下，海誓山盟，甚至为对方愿意舍弃生命。可是，一旦进入婚姻，各种无法预测的矛盾接踵而至，把婚内的两个人打得晕头转向。

很多小夫妻，在家里是被父母长辈娇惯的王子公主，很多事情都由父母一手安排好了，他们的心理承受力、忍耐力和处理问题的能力较差，遇到问题要么逃避，要么采用极端方式解决而导致更大的问题。

（1）积怨太深引发大灾难

实例证明，很多家庭灾难的导火索都是小事情，不足以让人做出丧失理智的行为，之前积压的怨恨情绪才是真正的凶手。有数据表明，农村八成案件是由家庭长期矛盾引发的。夫妻间相互不信任，因为小事情不肯包容让步，一方控制欲强，另一方过分压抑，怨恨慢慢积压。当发生一件小事，一方无意识触动另一方的敏感点，就很可能引爆他心里积压的愤怒，在不理智的情况下做出过激行为，导致犯罪发生。

（2）长期避免冲突导致婚姻危机

在中国人的习惯思维中，冲突就是相互争斗、内部分裂，是失败或即将失败的征兆。所以，很多人想方设法消灭冲突。社会上强调"和为贵""和谐"，把稳定作为评判一个单位、家庭优劣的标准。很多人为了避免矛盾，喜欢压事、躲事，最终问题没有解决，会引起更大的矛盾。

大部分夫妻会感觉关系平淡，过着稳定但质量低的日子，其中最重要的一个因素就是长期回避冲突。

小秦是个都市白领，老公是大学老师，结婚十几年，孩子上小学。最令小秦忍受不了的是，每一次因为一个问题有了争议之后，老公总是逃避问题，不耐烦地说："好了好了，我不跟你吵，我保留意见。"然后扭头回书房，把门关上，小秦气得在外面直转圈。如果他犯了明显的错误，小秦提出来，他就会揪出小秦之前的错误，不断重复，直到小秦检讨之前的错误，不再关注他的问题为止。两个人争论严重的时候，老公干脆离家出走，搬到学校办公室住，电话拉黑。直到他气消了，若无其事地再回家来。

由于长期回避冲突，小秦和老公的婚姻走到了尽头。

习惯性回避冲突的人通常内心缺乏情感互动能力，他们有非常脆弱的自我，最害怕被入侵的伤害，他们最怕暴露自己的内心，因为这意味着失去保护，对他们来说，这是致命的。他们无法承受情感的冲击，只能通过各种情感和情绪的反弹来自保。而配偶的情绪和情感一旦被阻隔，就会感到越来越窒息或易怒，或者丧失活力，也就是说会得过且过，不再争取，家庭气氛如死水一般。

希望我们能够更多体察自己的内心，反省一下，配偶习惯性回避冲突、封闭情感，我们为什么对这样的人如此执着，这很可能源自童年父母之爱的缺失，让我们产生一种妄念：我再努力坚持一下，父母就会看到我了。潜意识这个信念的威力巨大，很多人一辈子都可能陷入其中，最后自己的情感枯竭，然后把痛苦一代代传下去。

我们与父母的关系模式决定了我们与别人的关系，我们觉得可以改变父母，让父母多爱自己一点，也就认为自己可以改变配偶，这是世界上最大的妄想。改变别人是不可能的事情，自我认识的第一步就是放下妄念，接受过去真实的不幸，跳出这个思维怪圈，然后积极进行自我重建，我们就可以得到重生。

对于习惯性逃避冲突的人，更需要反省自我，童年经历中怎样的恐惧让我们关闭了情感之门，在什么情况下我们习得了这样的模式。必要的时候可以在咨询师的帮助下探察内心，慢慢放下自我防御。

（3）处理夫妻冲突的几种模式

美国著名婚姻家庭治疗大师萨提亚讲到，人在遇到冲突的时候，会有四种压力应对模式：讨好型、指责型、超理智型、打岔型。

讨好者通常会说："这全是我的错，没有你我什么也不是。"他们不断乞求原谅，不断道歉，即使不是自己的错也会屈服，因为他们内心自卑，觉得自己是没有价值、无足轻重的，过分依赖配偶。夫妻之间所有的冲突都会因为他们的妥协而化解。他们压抑自己的愤怒，就是为了求得安宁和不被抛弃。

指责者在双方发生冲突之后会说："你从来没有做对过一件事情，这些都是你的错。"他们用指责的态度和语气，把责任都推到对方身上，他们掌握制高点，不断寻找对方的错处来攻击对方。其实，他们内心认为自己是失败者，但是又不肯承认自己的失败。他们性格偏激执拗，经常通过语言暴力和家庭暴力的方式压制配偶，树立自己的形象。

超理智型的人情感冷漠，表情严肃，经常喜欢讲大道理，凡事喜欢上纲上线。对自己和他人要求很高，拒绝别人走进自己的内心，他们用超理智作为外壳，阻滞了与配偶之间的情感流动。其实他们内心是孤立脆弱的，很怕因为自己情感流露让别人抓住自己的弱点攻击自己。

打岔型的人在回应冲突的时候不接话茬，说话总是离题万里，你会感到跟他说话不在同一个频道上。他们通常不负责任，对于对方的指责经常嬉皮笑脸，避重就轻，让你感觉一拳头打在棉花上。他们的话题丰富，经常跳跃性思考，喜欢打断别人说话。

这几种类型的人在处理冲突的时候各有优点和不足，因为我们的内心都有一个受伤的小孩，所以，为了满足内在小孩的需求，或者为了保护内在小孩不受伤害，发展出上述几种方式。如果我们能看清楚冲突的类型，看到对方内心那个受伤的小孩，我们就可能化解自己的戾气，理解对方，疼惜对方。

只有我们更清楚地了解了对方，才能找到更有效地处理冲突的方式。

最健康的处理冲突的模式是：真诚型。

真诚型的人对自己有很好的觉知，他们内心有足够的安全感和自我价值感，有足够强大的心理承受力，不怕被伤害，懂得自爱，也有爱的能力去爱别人。他们知道自己是谁，内心想要什么，他们也了解配偶，知道对方需要什么。他们有自己的界限和空间，也允许配偶做自己。他们了解自己的思想和感受，会不卑不亢地表达自己的情感和需求。同时他们懂得宽容和适度的退让，能包容配偶，能够倾听对方，让对方可以自由表达自己的情感，然后通过沟通，达到双方都满意的效果。

（4）处理冲突的几个小技巧

① 想要化解矛盾，先要找到双方的共同点。夫妻双方因为思维角度和看法不同容易产生矛盾冲突，不要一开始就否定对方的看法，这样很容易让对方

感觉受到攻击而进行反击，完全无视双方所谈的内容，最后上升到人格攻击，变成恶性争吵。因为每个人对事物的看法很少是完全对立的，总能找到共同点，所以，我们先从见解一致的问题开始，让对方感觉自己被认同，对方就很愿意倾听并接纳我们的意见了。

② 在批评前先赞美对方。这个技巧与第一个类似。夫妻之所以争吵，往往是因为被直接否定或被忽视。有了矛盾，先赞美对方的付出或者做得好的部分，再指出对方做得不对的地方。这样，即使严厉的批评，对方也能接受。

③ 指出对方的错误前先说自己的不对。冲突发生，如果我们能先谈论自己的错误，就会大大减少配偶的防御心理，使对方能够心平气和地接受我们的批评意见。

④ 主动示弱，适度撒娇。如果我们面临的矛盾不是原则性的，对方可能因为我们的态度或者语气生我们的气，或者要对方做他们不太愿意做的事情发生争执的时候，可以主动示好，女性可以撒撒娇，用小女人的柔情软化丈夫，避免发生长期冷战影响感情。

⑤ 强硬示爱，一个拥抱可以解决很多问题。很多时候，女人会口是心非地无理取闹，其实她们是想考验老公是否爱自己。这个时候，男人就可以发挥自己男子汉的强硬优势，一把把她抱在怀里，任凭她反抗不放开。过不了一会儿，对方就会安静下来，温柔如绵羊。

❹ "负面"情绪只能被疏导，不能被压抑

（1）内心的信念决定了情绪的发生

几乎所有东西在阳光下都有阴影，有些人往往只关注它的阴影，而忽视阴影背后的阳光。这就说明任何事情都有两面性，人们过多地思考它带来的负面影响，很容易忽略它的积极意义，这样就会沉浸在消极情绪里无法自拔。

美国著名心理学家阿尔伯特·艾利斯创立了合理情绪疗法。它的基本理论是ABC理论，通俗讲就是，外界发生了一件事情A，我们对这个事情有自己的看法和评价B，然后就会产生相应的情绪和行为结果C。

比如，老公回到家，你看他脸色不太好，就问他："怎么啦？"他回答："没什么。"这是事件A。这时候你大脑中会有想法："他已经厌烦我了吗？有什么话不跟我讲，他心里没有我吗？有什么话闷在心里不说，这人真是不可理喻。"这是我们对事件的看法B。由于我们有了这样的疑问和想法，就会执着地相信自己的猜测，于是产生恐慌和恼怒的情绪C。由此产生的行为结果是：自己心情马上消沉下来，一个人在卧室默默哭泣；或者进屋找他大吵一顿；或者自己不做饭，不跟他打招呼一个人出去；或者一边做饭一边摔摔打打。

在这个事件中，A是事实，也是诱因，它不能直接导致C，直接导致C的是B，也就是我们怎么看待这件事，也就是我们内在的信念系统，如果我们这样想：他一定是在工作上遇到了什么麻烦，先让他静一会儿吧；男人就是这样，有什么情绪不喜欢表达，自己调节一下就好了；老公心情不好，我给他做点好吃的，让他开心一下。这样想的话，我们内心就不会产生情绪，或者有一点不舒服也会很快释然了。

合理积极的信念引起恰当、适度的情绪反应，而不合理消极的信念就会引起不恰当、过激的情绪和行为反应。如果我们坚持某些不合理的信念，长期处于不良的情绪状态中，结果会导致情绪障碍的发生，罹患身心疾病。

夫妻间产生分歧和矛盾是家常便饭，如果我们过于敏感多疑，总是从消极方面去考虑，把自己放在受害者的位置上，揣度对方不在乎自己，矛盾冲突就会不断升级，由一件事上升为尊严、人格之争，极大地影响婚姻家庭的幸福。

（2）"负面"情绪不可以被压抑

有的人太痛苦的时候，会发展出一种心理防御机制，学会了感觉麻木，就是不再对周围的环境和事物有原来程度的情绪反应了。这是一种自我保护，短时期内它会让我们感觉痛苦减小。但是，如果长期如此，就会对我们造成非常大的伤害，可能形成冷漠型人格，也很可能形成瘾症，比如酒精依赖、贪食症等。

我的一位来访者说她无法与人感觉同步，周围的任何事情引不起她的情绪体验，比如，别人看着非常好笑的真人秀，她一点感觉都没有。好像自己被隔绝在另一个空间，与别人有着很大的隔膜。原因就是她长期忍受丈夫的冷暴力和性暴力，这种长久压抑的痛苦太大，她无意识地把自己的感觉与现实隔离开，慢慢让自己变得僵化和冷漠。

没有了情感和情绪的变化，人就会慢慢变得枯槁。在引导她感知自己情绪的时候，我费了很大力气，当她掉下第一滴眼泪的时候，我知道事情有转机了。

而有的人可能因为长期压抑情绪导致染上酗酒的恶习。我有好几位女性来访者有酗酒的嗜好。共同的原因就是婚姻生活中的夫妻关系、婆媳关系，无法得到很好的解决，长期压抑，只好通过喝酒来麻醉自己，没想到喝醉之后把压抑的愤怒发泄出来，反而感觉很舒服，于是恋上了这种方式。

（3）负面情绪是"化妆的祝福"

我经常跟我的来访者说，按照10～-10来划分情绪，数轴往左是"负面"情绪，往右是"正面"情绪，你来衡量一下你自己的情绪指标是多少？

被问到的来访者的情绪大多处于-6～0之间，大部分时间都处在情绪低谷。

其实，情绪并无好坏，所有的事情都可以一分为二地看待，都能找到正面和负面的意义，就像有阳光的地方都有阴影一样。我们通常认为"正面"情绪好，"负面"情绪不好，比如愤怒、委屈、难过、悲伤、郁闷等。

对很多人来说，"负面"情绪就像是魔鬼，纠缠着我们，破坏我们的好心情。于是，我们视"负面"情绪为敌，非要把它赶跑/对抗或者一见它就跑/逃避。结果，我们越是躲避，越是逃不开它的"魔掌"。

其实，"正面"情绪和"负面"情绪都是上天开启我们生命能量的钥匙，让我们可以运用我们的生命能量，更加了解自己，探索外在的世界。愉悦美好的情绪是上天给我们的奖赏，痛苦不安、焦虑紧张的情绪则是化了妆的祝福，它等待我们自己去领悟，然后获取其中的生命能量。

① 愤怒。

动物也会愤怒，比如自己的领地被侵犯了，自己的孩子被攻击了等等。愤怒是保护我们自己的身体、亲人、财产、朋友等不被侵犯的一种生物本能。愤怒不仅会保护我们的边界，还能让我们看到自己的能量所在，使我们可以把这股能量转化为具有创造性的能力。比如一个懦弱的父亲，看到自己女儿受欺负，愤怒冲上去，将坏人吓跑。从此，他意识到自己的力量能保护好自己的家人。

② 焦虑。

焦虑是指一种缺乏明显客观原因的内心不安或无根据的恐惧，是人们遇到某些事情如挑战、困难或危险时出现的一种正常的情绪反应。它由紧张、焦急、忧虑、担心和恐惧等感受交织而成。焦虑告诉我们，我们面临的事情很重要，焦虑提供给我们为面临的事情做好充分准备的能量。焦虑还告诉我们在哪些方面有不足，比如缺少上台的经验、怕考不好让自己丢脸等，意识到焦虑就能找到我们更关注的东西。而且中度的焦虑能让我们更好地屏蔽掉外界无用的信息，将注意力集中在当前的事物上。

③ 后悔。

后悔是指为了过去的作为或为了没有做到的事而感到懊悔。我们可以从后悔中找到自己犯错的原因，从中找到经验和教训，提醒自己要找出一个更有效的做法，以备今后做出更成熟的决定。

④ 嫉妒。

嫉妒是指人们为竞争一定的利益，对相应的幸运者或潜在的幸运者怀有的一种冷漠、贬低、排斥甚至敌视的心理状态。就内心感受来讲，嫉妒前期表现为由攀比到失望的压力感，中期则表现为由羞愧到屈辱的心理挫折感，后期则表现为由不服不满到怨恨憎恨的发泄行为。嫉妒告诉我们：你不够接纳自己，对自己不够自信。嫉妒别人只是对自己的不满而已。嫉妒还提醒我们拥有的优势和劣势，承认与被嫉妒对象的差距，让自己调整目标，采用合理的方式实现目标。

我们要善于察觉自己的情绪，不要过分排斥负面情绪，要知晓负面情绪也有它的正面价值。

（4）培养觉知力，合理疏导情绪

管理情绪需要拥有以下三种能力。

第一，觉知力。当情绪来了，我们能理智地意识到它来了，具体是怎样的情绪，用恰当的词语标明它，最重要的是标明负面情绪的名称。比如，因为在单位受了领导的批评，心里感觉很不舒服，这种不舒服具体是委屈、愤怒、怨恨，还是不甘心呢？再有，本来老公说好回家吃晚餐，结果菜凉了他还没有回来，心里是什么感受呢？是失望、愤怒、焦虑，还是恐惧呢？当我们标明了这些情绪，我们混沌的内心就会越来越清晰。

第二，领悟力。情绪来了，我们要明白，不是外界的事物让我们产生负面情绪的。我们要洞察内心的信念，是基于什么思维模式让我们产生如此情绪的。也可以深层次观察我们自己的心理情结，外界的人和物是怎样刺激到了我们的心理情结，让我们情绪失控。

第三，摆脱力。负面情绪能让我们更清楚地认识自己的内心，我们需要认识到，负面情绪不能让我们改善目前的状况，我们需要集中注意力解决眼前的问题，而不是沉浸在过去的痛苦里，这样就会进入幸福快乐的程序，摆脱负面情绪。

（5）停一分钟，给情绪一个缓冲期

人在愤怒的那一个瞬间，智商和情商迅速降低，过一分钟后恢复正常。当

我们情绪冲动时,只要我们懂得控制自己,暂不采取行动,很多时候,只要一分钟的缓冲,就可以避免许多麻烦,甚至不幸。

情绪缓冲的方法有很多,而且我们都能做到。

第一,我们可以迅速离开刺激我们的环境,到另一个比较安静的房间。离开了刺激我们的环境,我们的情绪指标会迅速下降。

第二,在心里数数,数到一百。或者把注意力放在呼吸上,做深呼吸。通过膈肌的运动,缓解愤怒焦虑的情绪。

第三,可以分三步走。第一步,我们把手放在胸口的位置,对自己说:"我在愤怒,我允许自己愤怒。"当我们接纳了自己的愤怒,心里就会平静下来。第二步,我们要观察自己内心,对自己讲:"愤怒的背后是什么?"我们一般会看到失望或者焦虑。第三步,我们继续问自己:"我期待别人对我如何?如何降低自己的期望?"基本走完这三步,我们的负面情绪就会消失了。

一分钟有多久,它是从愚蠢变回智者的时间。

(6)化婚姻冲突为机会

有时候,痛苦是一件好事情。

说这句话肯定会遭到很多人的批驳,他们会说:你这是站着说话不腰疼,痛苦还是好事?

一些来访者抱着试试看的心态说过这样的话:"请你帮我看看我的问题严重吗?我觉得自己还没有到需要疏导的地步。"

没有痛到该改变的地步,是很难做出彻底改变的,而且没有很好的觉知,也很难。有的来访者在疏导之后没有很明显的效果,但是过几天当他感觉自己不改变不行的时候,再把我传输的理念和技巧翻出来进行自我疗愈。看来,痛也是一种动力。因为人有"追求快乐,逃避痛苦"的本能,所以,痛苦也是

"逼迫"潜意识做出改变的一种压力。

婚姻更会让人痛。从迈入感情的第一步开始，快乐就是以泪水为调料的。所谓的危机，就是危险 + 机会，婚姻冲突和危机带给我们的不仅是痛，还有改变的契机。

（7）小事不小，关乎爱与尊重

场景一：小路在电脑上改稿子，老公在厨房做饭。老公放在客厅的电话响了，小路对着厨房喊："老公，电话！"厨房哗哗的水声，老公没有听清楚。小路又喊了一遍。老公走过来拿起电话，可电话挂断了。老公不高兴了："坐得那么稳当，你就不能给我拿过去，我这个电话很重要的。"小路回答："你没看见我有事儿忙吗？再说，我叫你好几遍你没听到，还赖我！"老公饭也不做了，小路稿子也不改了。两个人你一言我一语地吵起来。

场景二：小边爱整洁，家里总是收拾得干干净净。而老公大大咧咧，经常把该洗的衣服扔在沙发上。

第一次，小边心平气和地提醒：衣服不要乱放，要洗的衣服扔在洗衣机或者旁边的洗衣篮里。老公答应。

第二次，小边又看到老公乱扔，脸色有点不好，语气也不缓和："这衣服随手就放洗衣机了。"老公没说什么，拿起来放洗衣机里了。

第三次，小边直接发飙："你怎么总是这样？跟你说多少遍了？你怎么就是不听呢！"老公本来想嬉皮笑脸过去就行了，一看小边这个架势，也恼了："这么点小事值当发脾气吗？有完没完？"小边气大了："我怎么没完了，是你没完，说多少遍你才听？"老公说："行行行，我不跟你啰嗦，我拿走，你消停会。"小边一看老公的态度，更来气："你这是什么态度，你就知道把衣服一扔，你洗过衣服，做过饭吗？我嫁给你就给你当老妈子吗？"小两口越吵越厉害，小边一赌气回了娘家。

引起夫妻争吵的小事，往往是双方或一方非常在意的事。最终矛头会指向爱和尊重。第一个案例中，老公自己在厨房做饭，电话响了，他觉得：我为你做饭，你连个电话都不给我拿过来，你太不尊重我了。妻子觉得：我已经喊过你几次了，你却用这个态度对我，我重要还是电话重要？

第二个案例是因为夫妻生活习惯不同导致的冲突，妻子认为：我都跟你说好几遍了，你太拿我的话不当回事儿了，不在乎我的话就是不在乎我，我为你这么付出太不值得了。丈夫认为：为这点事就没完没了，太不给我面子了，我为这个家在外面打拼容易吗？

每个人的言行和情绪背后都有一定的想法和需求，归根结底是对爱和尊重的需要。每个人都希望自己在家里被尊重，被爱。但是更多人站在自己的角度考虑问题，只想到自己需要被爱、被尊重，而忽略了对方也有同样的需求。

很少有人在吵架之后关注自己内在的真正需求，而只是碍于面子，非让对方认输，给自己道歉。我们需要冷静下来考虑一下，对方真正想要的是什么，或者通过有效的沟通说出自己真正的想法和需求，当对方理解了自己，也会用自己想要的方式来回应自己，认可自己，而爱和尊重也会在相互理解中流动起来。

（8）怎么样才能达到你的满意

我想起我亲身经历的一件事情：

一天中午，我们一家三口在外面，老公问：今天中午吃什么？

女儿爱小吃，就说："我想吃土豆粉。"

老公回了句："那有什么好吃的。"又问："中午到底吃什么？"

女儿的提议没有通过，我就随口说了句："要不去吃泼辣鱼吧？"

老公立刻回答："那个太辣，到底吃什么？"

到现在，我终于明白老公玩的这个心理游戏了：我让你们来选择吃什么，我很民主，吃得好与不好我可以不承担任何责任。但是吃什么我大致有了答案或者方向，你们的任何选择我都不满意。也就是说他给出的选择是有限制的，限制的条件是：我想要什么。但是，他要吃什么，我们两个却不知道。

很多人在亲密关系中都玩过这样的心理游戏，尤其是女人。我们不说出自己的真实想法，攥着拳头让人猜，你要是猜不对，我就觉得你不理解我，不懂我，我就很生气，就会爆发怒火，就会找你吵架。或者我说出A，你就必须理解我心里所想的A+，你就要按照我说的去做，不然，我就跟你吵架，直到你屈服……

我们总以为，我不说，你也应该知道我心里怎么想的。我们一定要明白一个道理，只要我们不说，别人是不可能知道我们内心的想法的。不要怪别人不懂我们，我们也不会知道别人内心的想法。除了热恋期会把注意力放在对方身上，时刻关注对方的举动和情绪之外，绝大部分时间别人是感知不到我们的真实想法的。我们需要真实地表达自己内心的需求，敞开心扉，不要担心自己被拒绝、被伤害。过度的自我保护，就会拉远夫妻之间的距离，让感情越来越淡漠。

实际上，很多时候女人找茬吵架是一种撒娇的方式，实际上她们内心的需求是：我感觉不到你的爱了，你要对我好一点。这时候她们需要男人的一个语言或行为保证，让她们内心有安全感。对一些不涉及原则的事情，男人可以很大度地用平和的方式"接招"，满足她的一些需求。等她们心理需求得到满足了就会安静下来。之后男人可以"秋后算账"，说出内心真实的想法和期望。

（9）冲突后的修复

有自我觉知的夫妻，如果能运用以下修复策略，就能把不愉快的经历转化为正面成长的机会。

第一，要学会倾听。如果只关注争吵的内容，或者把之前陈芝麻烂谷子的事情都翻出来，争吵就会永无休止。如果想让冲突停止，理智的一方就要暂停，走开一会儿，双方冷静一下，然后，跟对方说："我知道你心里很生气，你能告诉我，你这样做的目的是什么？你内心真正的需求是什么？"对方可能还有情绪，我们需要耐心和爱心来倾听。

第二，及时道歉并澄清事实。耐心听对方讲完内心的需求，我们就可以理解对方为什么会有这样的反应，肯定对方的感受并为自己当时的举动表示歉意。接受自己在冲突中应该承担责任，然后澄清事实，解释自己的行为，告诉对方自己并不是有意要伤害他/她，最后说出自己今后努力的方向和对对方的期望，适当规定在冲突发生时双方都应该遵循的原则，及时修复冲突造成的伤害。

第三，从冲突中汲取成长的正能量。冲突发生，我们不能抱着冲突造成的伤痛不放，要及时反思我们自身是否存在童年创伤，及时修正自己与他人的相处模式。这是进一步认识自我、认识对方的必要步骤，可以避免以后发生类似的状况。

❺ 卸下情绪伪装，真实表达情绪

西方人表达情绪很直接。从很多西方影视剧中可以发现，他们的思路很简单，当两个人沟通不畅的时候，他们会真实地表达自己的观点和情绪，自己是什么情绪，想要什么，不要什么，都可以清晰地表达出来，对方会根据他说话的内容调整自己。

中国人则不同，当对方表达自己的需求和情绪的时候，会认为这是对自己的冒犯和攻击，然后就开始反击，甚至把过去的"陈芝麻烂谷子"翻出来算账。中国人喜欢翻老账，以此来告诉对方：你的愤怒是不对的，你犯过这些错误，就该老老实实听我的。一个简单的问题导致吵架直至一方"偃旗息鼓"才能告终。

（1）中国父母不允许孩子表达情绪

当孩子遇到挫折悲伤哭泣的时候，父母总喜欢让孩子立刻扭转情绪，会大声警告："不许哭，再哭……"，用一系列语言威吓孩子，或者用"别哭了，我给你买……"来利诱孩子。孩子生气的时候，有的父母对孩子的愤怒不屑一顾："我是为你好，你竟然还生气？""什么大不了的事，还值得生气！"我们做父母的这些行为剥夺了孩子的情绪自由，让孩子形成这样的观念：悲伤是不好的，生气是不好的。结果，孩子要么取悦父母将情绪压在心底，要么反抗父母随意发泄情绪。

强势的父母不让孩子表达自己的意愿，孩子就会慢慢失去自我，完全活在别人的阴影里，看别人脸色行事，敏感自卑，过分在意别人的看法和评价，很怕得罪别人；强势的父母不让孩子表达自己的情绪，孩子就会隐藏或否定自己的情绪，但是情绪不会消失，而是被压抑在潜意识里。明明感到情绪的存在，又怕自己的情绪让别人发现，怕别人会抛弃自己，于是又竭力与人保持距离。这样的孩子时时处在一种矛盾的状态：靠近了，怕别人看穿，怕受到伤害；远离了，又怕别人不喜欢自己，抛弃自己。

（2）有压抑就会有爆发

小郭就是被父母这么教育的。她结婚之后，老公做生意经常忽略她，公公婆婆比较强势，有的时候故意挑剔，她努力隐忍着，从来没有对人抱怨过。一直以来，她伺候老的，照顾小的，把家里打理得井井有条，而且她的脸上挂着笑，对谁说话都是软言软语。别人都夸婆婆修了几辈子福娶了一个好媳妇。就这样过了七八年，她怀上第二个孩子，从怀孕开始她就经常感觉到委屈难过，自己偷偷地哭，生完孩子之后，她的抑郁症爆发了。

情绪是不会自行消退的，它被压抑得越久，爆发得越厉害。

哪里有控制，哪里就有失控，哪里有压抑，哪里就有爆发。伪装情绪可以获得好名声，好人缘。但是，不能自我觉察，不能尊重自己的内心感受，就很难得到别人的尊重，内心就会感到非常委屈。很可能因为一点点小事情的诱发，导致情绪的大爆发，更加伤害自己及家人。

（3）卸下情绪伪装，真实表达自我

我们发出的情绪很多时候不是自己的深层感受，情绪有时候是被歪曲的表象，别人看到的很可能不是我们真实的内心。情绪被歪曲地表现出来，别人给我们的反馈，也会完全与我们想要的相悖。就如我的那位来访者，当别人侵犯了她的界限，她很生气，却极力掩饰逃避，嘴上带着笑，口里说着无所谓的话。这样的表现别人如何看待呢？别人只能这样理解：我这样对你，你不会生气，也不会对我产生威胁。那么，下次别人会变本加厉。这就是"老好人"经常被欺负的原因之一。

人与人的交往是从试探开始的。最初都小心翼翼，当渐渐熟识起来，慢慢开始有了一些攻击，试探对方的底线。如果这时候我们能表现出我们真实的感受和情绪，对方就会明白，哪些事可以做，哪些事情不可以做。

真实地表达自己，能让自己更多地意识到自己真实的感受，让自己内心更通畅。还有一点很重要，就是不让别人误会自己，以便在人际关系中能够真实地展现自己，这样的人也是自信勇敢的。

具体如何表达自己的情绪呢？

我们可以按照这样的步骤表达：第一步，说出事实。对方的言行让我们不舒服，我们可以把事实说清楚。第二步，说出自己的感受。说出对方的言行让我们有什么感受，最好用明确的词汇表明我们的情绪。第三步，表达自己的期望。说出我们希望对方怎么说，怎么做。

一般情况下，比较强势的人可能在我们表达情绪和期望的时候开始反击。对方的反击要么让我们立刻丧失信心，要么激起我们更大的愤怒，进行更猛烈的反击，造成新一轮的伤害。这是因为，我们对于自己采取的步骤寄予太高的期望，总希望达到立竿见影的效果，这个期望很容易让我们失望。最好的做法就是不做任何期望，没有期望就没有失望。

做真实的自己，直面我们内心的情绪，接受它，表达它，让情绪流动起来，它就不会积存在我们内心。这样，我们才能成为一个充满活力的人。

快乐的时候能纵情大笑，忧伤的时候能尽情哭泣。坚强的生命就是这样潇洒地面对人生。

❻ 寻找共赢的解决办法

一个在银行工作的朋友业绩不错,他分享成功经验的时候,大概说了两点:一个是取得客户的信任,要真诚耐心,要有人格魅力;一个就是利益双赢。大的投资者都不差钱,但是,他们一定要觉得有利可图,或者利益较大时才会投资。在此基础上,银行和客户经理都需要做出一些让步,合理分配利益,双方都尝到甜头,订单就容易达成了。

夫妻之间也需要共赢。夫妻间的共赢,不仅是利益上的平衡,也是心理上的平衡。因为激情式热恋之后走入婚姻生活,夫妻间的心理平衡是婚姻能够长久的关键。

(1) 夫妻之间解决问题的常用方式

① 吵架。

吵架是为了强迫对方接受自己的决定,是在情绪推动下试图压倒对方赢得胜利的方式。很多夫妻吵架是车轮式的,多年如一日,任何一件事最后都归到一个点上,甚至进行人身攻击。其实,目的只有一个,就是希望对方关注自己,尊重自己。

② 妥协、忍让。

如果一方态度太强硬，而且坚持己见，或攻击性太强，另一方可能因为惧怕，或者不想争吵做出让步。因为这种妥协不是发自内心的，内心的委屈长期被压抑，就会让一个人感到无助、绝望，甚至会造成抑郁症。

③ 隔离、避而不谈。

夫妻之间经常发生冲突，一方可能把自己封闭起来：我和你没话说，咱俩没法沟通。拒绝跟对方交流，对方的沟通需求受到阻滞，很容易导致内心的焦虑，从而引发胃痛、头痛、失眠等心因性疾病。还可能把情绪发泄到其他方面，比如孩子。

④ 逃避。

婚姻中，一方为了避免冲突，或外出工作，或发生婚外情感，还有可能通过酒精、药物、赌博、暴饮暴食等方式来麻醉自己，这样的方式不但不利于解决问题，而且会造成更大的困扰，给婚姻家庭造成很大的负担。

这些方式几乎都具有破坏性、敌对性，让输的一方或者被压抑的一方感到生活没有盼头，对配偶怀恨在心，长年累月貌合神离，不把配偶当作亲人，而当作敌人，最后两败俱伤。

（2）夫妻共赢解决问题

案例一：晓阳因为买房子的事情与老公发生争执。晓阳觉得房价太高，可以买离市区远一点的房子，这样价格就会低点，不至于生活过得紧巴巴的。老公认为这样买日常用品不方便，孩子将来读书更不方便，不如一开始就买套学区房。两个人一直决定不下来，眼见着房价越来越高，小两口吵架的频率也提高不少。

案例二：小曹和老公最近总因为一些小事争吵，比如，他们去超市买一些厨房用品，小曹主张买功能齐全的，老公想买功能少点，但是售后好一点的。两个人在超市就吵起来,让很多人围观。

案例三:琦琦和男友都该休年假了,想一起去旅游,琦琦想去海南,男友想去西藏,马上休假了,两个人都还没有确定行程。

如何让双方都能达到心理平衡,这确实是我们需要考虑的问题。我们可以通过以下几个步骤,让双方达到共赢,皆大欢喜。

第一步:双方都表达出自己的意见。

第二步:说出意见背后自己真正关注的东西。

第三步:通过协商,找到双方都满意的方案。

晓阳与老公显然做到了第一步和第二步,但是双方都没有妥协,都站在自己的角度坚持。其实,在做到第二步的时候,我们需要挖掘一下各自的成长背景。晓阳的父母都是普通工人,过日子比较勤俭,习惯精打细算,又因为父母一直住在单位分的房子里,他们的心愿就是住上一套两居的新房子,一直在努力攒钱。晓阳从小到大几乎没有穿过名牌衣服,省吃俭用,她觉得这样心里才有安全感,对于买房子还那么多的房贷她觉得压力很大。晓阳老公的父母开明,家庭中等,他的个人能力也比较突出,对于房贷压力他不以为然。

他们了解了对方的成长环境和个人能力,开始体谅和理解对方,两个人很快达成一致,可以在晓阳和老公能接受的范围之内买一套二手房,这样省去了装修的费用,老公努力工作,争取5年内还完房贷。

小曹和老公已经完成了第一步,表明了他们各自的意见,小曹想买功能齐全一点的,老公想买功能少点,但是售后好一点的。接下来,他们双方需要再问对方一句:为什么?小曹更关注功能全的,这样就可以省出时间做点别的事,不用总是待在厨房;因为家里电器坏了都是老公拿去修,他觉得功能多的容易坏,功能少而售后好的能省去不少麻烦事。了解了各自的目的,双方开始第三步，通过导购员介绍，买了一个性价比高的产品。

琦琦和男友也是如此，只是表明了自己的意见，后来通过沟通，琦琦说，自己初中的时候就有一个梦想，与自己的爱人一起去海南的天涯海角见证彼此的爱情，这个梦想在自己心里存了十年了。现在男友是自己最爱的人，她希望男友能在天涯海角向自己求婚。男友听了很感动，他决定与琦琦一起去海南。同时男友也说，西藏也是自己一个梦想，他觉得男子汉要去一次西藏，与自己爱的人一起，身体有了不适可以有一个照应。最后两个人商定，这次去海南，蜜月旅行的时候去西藏。

再好的方案也要建立在双方相互体谅的基础之上，这样才能达到夫妻共赢。如果不顾及别人的感受，只关注自己的利弊得失，任何办法和步骤都是无效的。

第七章

沟通消除壁垒
——夫妻间良性沟通的奥秘

❶ 男女沟通差异

小柏与男友小杨吵了一架。小杨觉得很烦,披了件外套走出房子打电话跟哥们儿要去喝酒。小柏哭着打电话给闺蜜,她在电话中开始抱怨:"我觉得他根本就不爱我!他每次都不听我说话……"

在酒吧内,小杨喝了一口闷酒,微醺的他对哥们儿咕哝了几句:

小杨说:"喂,我问你一个很严肃的问题。"

哥们儿问:"什么问题?"

小杨喝了一口酒说:"女人到底都在想什么?"

哥们儿十分无奈地说:"如果我知道的话,就不会坐在这里陪你喝闷酒了。"

男女之间究竟有什么不可调和的矛盾呢?其实是因为男女沟通存在很多差异。

(1) 男女的沟通目的不同

女人沟通交流是为了建立或促进亲密关系,寻求相互的支持和连接。她们通过交谈表达感受,并将交谈看成"分享行为",分享自己知道的秘密,或者适度暴露自己的隐私,这样做的目的就是释放负面情绪,营造同声同气的和谐氛围。比如很多女人在一起会抱怨婆媳矛盾，大家基本统一的立场能够引起其他人的共鸣，一方面能发泄自己的情绪，另一方面因为"志同道合"拉近彼此关系。除此之外，还会谈一些家长里短的小事，比如老公平时在家的表现等，家里买了什么好用的小玩意，或者是如何减肥、美容、养生、育儿等，因为女性以为，分享生活中的小事情，才能让彼此相互了解，她们背后的逻辑是：因为跟你关系好，所以我才告诉你。在女性看来，暴露的隐私越多，亲密程度越高。

男人的沟通目的很明确，是为了解决某个问题，或传达某些信息，或者通过沟通展示自己的能力，强调自己的地位。话题的内容涉及政治、哲学、重大社会新闻、运动、爱好等方面，比如对世界局势的看法，对球队的点评，对股市的分析预测等，主要显示自己学识渊博或深刻见解。因为在成长过程中，男性从小就被教导要以事业为重，要功成名就。也就是说，在社会化影响下，男性把"能力"和"成就"作为最重要的价值观。

男性和女性，各自运用自己的沟通方式与同性进行畅快的沟通，但如果他们把这种方式用在与异性沟通上，双方都会感到很无奈，男人嫌女人唠叨，女人嫌男人无趣。

（2）男女沟通语言不同

女性喜欢交谈，在交谈中她们会支持别人表达自己的感受，不断鼓励别人继续谈下去，她们会通过一些非言语信息，比如微笑、点头、眼神交流、肢体接触和其他的关注方式来促进别人的表达。女性也会用一些夸张或表达强烈程度的词汇表达对对方看法的认同，引起对方重视。比如，一些表示程度的副词：非常、相当、特别、巨、超、很等。相对于男性来说，女性的词语表达更加丰富，她们常使用一些形容词：漂亮、好看、水灵、嫩、可爱、有魅力、甜美、帅等。从她们嘴里，经常会听到一个五彩缤纷的世界。一般来讲，女性比较享受在私人空间、小团体的交流，如果是一对一交流，她们会感到更安全。

男性相比女性而言，很少去赞美别人，更难以使用夸张的词汇去迎合别人，他们会用比较实际的话做适当的评论，而且非言语信息比较少，他们通常表情平静，极少用夸张的表情和词汇表达自己的情绪，除非一些表演型人格的人。他们更喜欢在公共场合和崇拜自己的女性面前发表演说，这能让他们感到自己的力量和权威，享受被尊崇的感觉。

（3）男女基础价值观不同

女性更注重情感交流、美和分享，她们的价值感是通过同伴的认可和感觉相处的好坏来定义的。女人在相互帮助和相互安慰上花很多时间。当别人倾诉时，她们会耐心地倾听，理解别人的感受，通常会说"嗯嗯""是啊""对啊"，以此表示理解别人的感受，很少去提建议，她们与生俱来和后天习得的共情能力非常强大，所以，如果女性不合群或者被孤立后，会非常痛苦。女性因为大多比较敏感，有虚荣心，谈话时暗地里相互攀比，即使是平时关系好的闺蜜，也会因为对方找的对象比自己好、穿衣打扮比自己更高档而嫉妒，她们会通过羡慕恭维的方式掩藏自己内心的失落。

男性更注重力量、能力、效率和成就，他们通过取得成就来获得价值感，所以，他们有时候喜欢吹牛，尤其是自身力量不够但又要面子的男性。他们不愿意别人告诉他该怎么做，一般很少主动求人，如果没有主动提出让人帮助而受助，他们会很不高兴，因为他们觉得这是对自己能力的不信任，对他们来说，这是一种冒犯。他们说话比较肯定，多采用命令式的口气，很忌讳别人打断他们的话，认为这是在挑战自己的地位和实力。男性与女性不同，如果哥们在某个领域取得成就，他们一般不会嫉妒，但会把哥们的成就纳入自己的价值体系里，他们会跟人讲自己的朋友多么厉害，以此来提升自己的地位和被尊重程度。

（4）男女处理冲突的方式不同

女性在遇到冲突时，最希望得到的是理解和支持，然后才是化解矛盾。她们在冲突的时候，记忆力是极好的，更容易联系以前，会把之前的种种不满一起拿出来"算总账"。在冲突中，她们注重的是发泄情绪，而不是为了解决眼前的矛盾。她们发生冲突的原因一般是认为自己得到了不公平对待，认为配偶不爱自己，她们冲突的目的就是赢得关注和尊重。

男性在冲突中更强调独立和控制，他们注重表达地位、权利和维护独立空间。他们不会像女性一样喜欢翻旧账，而是习惯就事论事。在冲突中，他们注重的是解决问题，所以，他们会在冲突中直接表达意见。

（5）男女沟通失败的原因不同

"你有完没完？""你真是小题大做，那么夸张干什么！""你太情绪化了！""你怎么这么矫情！"——如果男人说出这样的话，女人一般很难接受，她们以为配偶忽视她的感受，指责她的做法，于是会出现争吵。

如果女人说："你去把碗洗了。"或者："你应该回来路上把主食买了。"男人一般会很不高兴，产生抵触情绪。因为男人喜欢女人有事情用商量的口气，最让他们接受不了的是女人对自己发号施令，这是挑战他们的权威和尊严。另外，他们也讨厌自己的能力被质疑，他们最不愿意听到的话是"你还是不是男人"这样的话，会让男人暴跳如雷。

了解了这些差异，我们就不用把对方看作"怪物"，调整好自己，准备进行有效沟通吧。

（6）女性眼中的男性

女性认为，男性不会过多分享自己的感受，尤其是结了婚的男人，奉行沉默是金的原则，不喜欢沟通。他们要是对谁说出心里的秘密，就一定对这个女生有好感。

男人都很自大，他们总是认为自己能把事情做好，即使做得不好，他们也不肯承认。他们不太听取别人的意见和建议。

男人在做自己喜欢做的事情的时候，特别专注投入，即使叫几遍他都可能听不到。让他们同时做几件事儿，他们根本做不到，他们不会。

他们不太会倾听，总是自己绞尽脑汁解决问题。实在做不了，就干脆放弃。

男人都是冷血动物，很少动感情，尤其是结婚的男人。他们过分强调事实，根本听不出女孩子口是心非的真正意思。

让男人跟着逛街难死了，还要看他们的臭脸。

他们更关注自己的事业，家庭只是他们的驿站，他们根本不想知道女人心里面在想什么。

（7）男性眼中的女性

她们太情绪化了，动不动就生气哭闹。

真不明白，女人怎么有那么多时间来聊天。而且，就一些毫无意义的话题能说上半天。而且她们心中就没有秘密，什么事都给你往外说。

女人真是太敏感了，动不动就觉得男人不在乎她，不爱她了，很容易受到伤害。

不明白她们为什么会买回那么多毫无用处的东西，有的几乎没有用过就要丢掉。

她们总觉得我们不懂她们。她们总以为男人应该拥有读心术。自己一哭一闹，男人就应该知道她们在想什么要什么。

她们总想通过挑剔指责来改变男人。但是越是这样男人心里越逆反，也越烦躁。

很多女人都是"事儿妈"，不关自己的事情，什么事儿都要掺和掺和。而且他们好奇心非常强，有一点事情就要向周围人打听，然后饶舌地传来传去。

她们经常猜测出很多事情让自己烦恼，然后没事儿找事儿大闹一番。

❷ 清楚直接地表达心中的想法

很多人有这样的顾虑：如果我对你敞开心扉说出我的真实想法，很可能伤害你，也可能伤害我；如果我不说，我们之间的距离又会越来越远。

很多婚姻中的男女都在这种矛盾的夹缝中活着，爱的感觉也越来越淡。真正美满的婚姻需要双方彼此开放，营造安全的沟通环境，都能很好地做自己，恰当地表达自己的情绪和感受，而不是把对方当作敌人一样防备着。

（1）谁都不懂读心术

世界上有没有读心术？这个问题也是难解的。我认为特定时期是有的。比如，热恋的时候，我们会把几乎全部精力放在对方身上，特别敏感地关注对方的一举一动，一颦一笑，也愿意花费时间猜测对方心里的想法。只有热恋时期，两个人的情感和情绪通道是畅通的，能大致了解对方的需要，并尽量满足。但是，热恋期是短暂的，一切情感都会归于平静。当婚姻久了，读心术就失效了，因为事业、家庭琐事、孩子等分走了我们大部分能量，我们不可能再时时关注配偶，所以，我们的想法如果不直接说出来，对方是不可能了解的。

我们常常以为自己有读心术，能猜出别人的想法，同时也以为对方能猜透我们的心思。我们常常带着猜测的结果与对方交流，这样就会带来很大误解和麻烦。

丈夫要回老家，从早上起来就一直收拾东西，妻子在旁边做自己的事情，他猜测妻子这次不愿意跟他回去，他心里想：我昨天跟她说了要回老家，现在看我收拾东西，她一声不吭，我看这是不想跟我回去。因为她之前抱怨过回老家的各种不方便，肯定是嫌老家条件不好，嫌弃我家人。

妻子在旁边做自己的事情，其实她心里也在嘀咕：他一直自己收拾东西，也不叫我，是不是不愿意让我跟他回去呢？

其实，两个人这样猜来猜去，都是通过对方的表现进行的自我猜测，根本不是事实真相，要想知道对方心中所想的，最好的办法就是澄清事实，问清楚。

丈夫问："你想不想跟我一起回老家呢？"

妻子回答："想啊，虽然老家条件不好，但是跟你在一起怎么样都无所谓。再说，老家空气好，环境好，现在正好有野菜了，咱们去挖点野菜回来。咱们带孩子一起回去吧，就当踏青了。"

很明显，双方心里的猜测都是没有意义的，如果不澄清事实，双方就会对自己的猜测深信不疑，这个误解会成为夫妻间感情的裂痕。所以，澄清事实，直接清楚地表达出自己的想法是非常重要的。

（2）勿用暗语表达想法

很多时候，我们都假定对方了解我们的想法、感受和需求。有时候我们会用隐语、暗示或者就旁敲侧击的方式来表达我们自己的感受和需求，当对方不理解的时候，我们就很恼火，认为对方不了解我们的心，或者在装糊涂。

清楚直接表达自己的想法是不猜测对方的意图，不只是向对方暗示，要不拐弯抹角、旁敲侧击地表达自己的看法。比如，一位女性很不满意老公总是跟朋友出去喝酒，而且回来之后还会耍酒疯。但是她不想直接告诉老公自己的感受，总是用语言暗示：如果别人家老公跟你一样，人家老婆一定跟他离婚了。每次老公都用话搪塞过去，或嬉皮笑脸地说："还是我媳妇好！"过后依然如故。

直接清楚地表达自己的感受，就是在对方面前真实地呈现自己的情绪和需要，这是需要勇气的，因为我们怕被拒绝和伤害，所以，总是用隐语或者暗示的方式，希望对方能明白我们真正的意图，而不至于自己受到伤害。但是，很明显，对方不明白，也不会因此而改变自己。

通常强势、有权威的一方会想说什么就说什么，甚至不顾及自己说话的态度和语气。而弱势的一方通常会采用暗示的方式进行沟通。一个人的自信与否直接关系到沟通中是否能直接表达自己的想法。

尊重自己的人才会被人尊重，我们不只要尊重对方，更要学会尊重自己，尊重自己的感受和想法，勇敢地表达出自己的想法和感受。当我们这样做了，也会得到配偶的尊重。

（3）说出你想要的，而不是不想要的

我有一个在大学期间休学的来访者，他小时候是一个比较调皮的孩子，他父母管得很严，经常训斥他，不许干这个，不许做那个。上学之后，他放学回来，要跟父母讲讲他学校的事情，妈妈经常说他：你不能这样做，你那样做是不应该的。在这样的教育之下，这个孩子越来越胆小。到了大学，因为不知道

第七章 沟通消除壁垒

怎么跟同学相处，与舍友发生矛盾之后，就选择了休学。

除了告诉孩子，你不要怎么做，更应该告诉孩子，你要怎么做。这样孩子才会得到行为的指导，再加上孩子个人的成长经验，就足以成长为一个健康成熟的人。在婚姻中也是如此，我们与配偶交流的时候，把我们不想要的提出来，只是做了排除法，对方没有得到任何提示，并不知道我们到底想要什么。因此告诉对方你想要什么，对方就可以按照我们的期望去做一些事。如果对方不同意我们的意见，也可以把问题摆在桌面上，开诚布公地谈一谈，避免很多猜疑和误解。

> 夫妻两个想去外面吃晚餐，商量去哪儿吃，丈夫问妻子："你想吃什么？"妻子说："晚饭我不想吃口味太重、太油腻的。"丈夫说："那就不去川菜馆。你想去吃什么菜？"妻子说："我不想吃面条，中午刚吃过了。"丈夫有点火，语调提高了两度："那你说到底想吃什么？"妻子看丈夫语气不好，不高兴了："那么大声干吗？我就是想喝点粥，吃点素菜。"丈夫余怒未消："早干吗了？让你说吃什么，费这么大劲才说。"最后，两个人吃了一顿不愉快的晚餐。

从丈夫与妻子的对话中我们不难发现，妻子一直在说不想吃的，等丈夫发火才说出自己想吃什么，如果一开始就直接清晰地表达出自己想要什么，就不会引起丈夫发火了。

其实这是一个心理游戏，是担心自己被拒绝、被伤害的自我保护方式，这样做的逻辑是：这不是我选的，即使有什么结果我也不承担责任，都由你来承担，到时候我有理由责怪你；你早就应该知道我想要什么，你不懂就是你不够爱我。

很多人在有意无意地玩着这样的游戏，可是，真正的和谐夫妻要彼此坦诚，我们一定要认清自己的内心，不要再把这个游戏继续玩下去了。

促进夫妻良好沟通的秘诀之一，就是在发觉自己在说"我不想要"的时候，能马上转移到"我想要"上面去，或者说"我比较喜欢"。

（4）不想听到某个答案，就不要问这个问题

晓彤要参加同学聚会，早晨起来就开始化妆，挑选衣服。为了保证效果，她拿着几件衣服让老公提提意见。

晓彤问："我这件衣服好不好看？"

老公看了一眼："还行。"

晓彤又拿起一件："这件呢？我一直很看好这件的。"

老公说："这件衣服太性感，不好看。"

晓彤有点不高兴了，又拿起一件，问："这件保守一点，可以吧？"

老公已经不耐烦了，说："行行行，就这件吧。"

晓彤生气地说："让你帮着选件衣服，看你脸拉得那么长。"

老公回答道："我又没让你问我，你自己想穿什么就穿什么，何必问我！"

我们常常碰到这样的问题，当我们问了某个问题，配偶给了我们不想听的答案，我们就会非常恼火。其实，如果我们向别人提出了某些问题，就一定要承担得起对方的任何回答，尤其是对方真实的回答。如果我们总是期望太高，很可能会受到打击，继而心理失衡产生愤怒的情绪，两个人就会因为一句话发生争吵。

所以，如果我们不想听到某个答案，就不要问这个问题。如果要问，就要

接受任何可能的回答。比如，晓彤如果真想让老公帮忙选衣服，可以直接问："老公，这几件衣服中哪件最适合我去参加同学聚会？"老公选了，晓彤最好欣然接受，不然心细的老公就可能觉得自己的选择不被尊重。当然遇到大大咧咧的老公就无所谓了，他们也不会给出什么建议的，很可能会说："你穿什么都好看。"

（5）少用"诘问"和抱怨，多用正面请求

我的一位小夫妻来访者因为面临离婚来咨询，在探寻他们离婚原因的时候，我发现，妻子经常会用这样的语气讲话：

> 为什么你不去把鞋子摆好？
>
> 凭什么每天都是我洗碗？
>
> 你为什么不能这样？
>
> 你不应该那样做！

丈夫每天都被妻子抱怨指责、质问命令，觉得自己怎么做都无法让妻子满意，对他们的婚姻很失望。

其实，妻子可以这样跟丈夫讲："你进门的时候，脱了鞋子，把鞋子摆好，不然我回家看不清楚会踩到你的鞋子的，或许还会绊一跤，可以吗？""今天我有些累，吃完饭之后，你把碗筷洗了，好吗？"

抱怨的方式只会造成不愉快的结局，如果夫妻一方经常抱怨，对方就会觉得自己毫无用处，而且会激起强烈的逆反心，或者会让对方进行隐秘攻击。

❸ 不要超越彼此的界限

我女儿给我讲过一件事。她大学舍友说:"我妈妈每次都买二十多块钱的一大堆葡萄,她以为我和我爸爱吃。因为葡萄容易烂,买那么多,烂了浪费,我们就使劲吃。其实,我们俩都不特别爱吃葡萄。"

这位妈妈很心细,她以为老公和女儿爱吃葡萄,不厌其烦地买来葡萄,父女俩都不好意思说出自己的真实想法,两个人都因为怕浪费不得不吃掉。

爱意不好反驳,但是需要"委屈"自己的胃。最好能说出自己真实的想法,让妈妈知道自己真正需要的是什么。

在婚姻中,人们总是自以为是地以为我们知道配偶心里是怎么想的,经常讥讽对方:"就你那点小心思,我还不知道?"沟通的时候也会自作聪明地替对方说:"你一定是这么想……""我就知道你这么想。"

我们或许不知道,这样说会让对方有什么感觉,当我们说出这样的话,对方会有被吞噬的感觉,觉得自己的意志被剥夺,感觉不被尊重,随之产生巨大的愤怒。其实,这就是越界,在别人还没有表达之前,我们就武断地根据自己的判断替配偶说出他们心中的想法,这样会侵犯别人的精神空间、思想和意志,必然会引起对方的反抗。

（1）不把自己的意志强加给对方

妻子和丈夫在逛商场买衣服，到了男装专柜，妻子惊喜地说："老公，快来看，这套衣服你一定喜欢。"

丈夫过去一看，说："你真不了解我的品位，我怎么会喜欢这样的衣服呢？我有那么潮吗？"

妻子说："现在很多人都这么穿，你们单位老王比你还大一岁，也是这样的风格。听我的没错，肯定精神！"

丈夫不高兴了，说："你买了我也不穿，跟我性格不合。"

妻子回答道："我还不了解你？你的衣服不都是我买的吗？现在听我的，你去试一试！"

丈夫不想在公众场合吵架，不情愿地去了试衣间。

试穿出来，妻子兴奋地说："这不挺好的吗？年轻十岁。服务员，给我开票。"

丈夫一脸无奈。

这位妻子以为自己最了解丈夫，事实上，大部分时候都可能猜错了。丈夫不好意思在商场跟妻子吵架，结果第二天，丈夫自己把衣服拿到商场退了。

我们通常自顾自地以为自己是配偶"肚子里的蛔虫"，了解他们的任何爱好兴趣、内心想法。但是，人的言行爱好虽然有一贯性，但是所表现出来的很可能只是自我的一部分，而且会随着环境的改变而改变。如果我们总是用一成不变的眼光来看待他们，就很可能造成不必要的误会。

婚姻辅导专家说，心理健康的重要指标，是每个人能"个体化"，就是每个人要有清楚的心理疆界。我们每个人都要对自己的思想、感觉、需要和言行负责，同时我们也要尊重配偶的需要、感受和喜好。

（2）不要话里带刺

夫妻相处久了，难免会有一些矛盾。很多时候，我们会不自觉地话里有话或话里带刺地刺激配偶一下。这是为什么呢？原因可能有下面几个。

第一，我们觉得对方太强势，自己又没有办法反抗，用话里带刺的方式来进行隐秘的攻击。

第二，可能近期配偶的某些行为让你心里不舒服，我们想在语言上找回平衡。

第三，有可能平时配偶拿你的话不当回事，我们就用带刺儿的话引起对方的注意。

第四，或许我们处在情绪低谷期，看什么都不顺眼，就说些带刺的话来发泄自己的情绪。

一个人说话的内容、语气和方式会被对方综合理解成善意的、中性的或是恶意的。讽刺的话语会严重影响沟通，引起夫妻对立。这也是夫妻争吵的重要原因之一。因为话里带刺儿，对方就很少去关注说话的内容，而去关注话里的那根"刺"，如果刺痛了对方，就会激起对方的反击。

比如，妻子回家，看到老公在厨房里做饭，想起早上两个人吵架的事情，话里带刺地说："现在有时间了？你不是说你很忙吗？现在知道表现了，早干吗了！"丈夫本想通过做顿饭缓和与妻子关系，没想到妻子来这么一句，也没好气地说："你还蹬鼻子上脸了，还有完没完了？"两个人的矛盾又升级了。

妻子的本意不是要刺伤丈夫，只是想发泄一下对早上吵架的不满，希望老公能哄自己两句。而丈夫想缓和关系，心里并没有真正心平气和，也想通过自己的表现让妻子高兴一下，矛盾就解除了，没想到妻子还讽刺自己两句，心里很不爽，就会反唇相讥。

因此我们在谈话的时候一定要注意一个原则：对事不对人。把注意力放在对方所做的事情上,不进行人身攻击。比如,老公喜欢跟朋友一起出去喝酒,如果妻子说:"你就喜欢跟你那些狐朋狗友一起鬼混,能不能干点正事!"丈夫对于有人身攻击的话会非常气恼,一定会奋起反击的。如果我们这样表达:"你花很多时间跟你的朋友在一起,我一个人在家感到很孤单,我爱你,很需要你的陪伴,你可不可以把聚会减少一些呢?"效果会如何呢?

(3)越界的表现

① 猜测配偶的喜好

a.你一定喜欢这个活动(电影、衣服等)。

b.你不是喜欢吃鱼吗?

* **改正:**

a.你是不是喜欢这个活动(电影、衣服等)呢?

b.你喜欢吃鱼吗?

② 猜测配偶的感觉

a.你一定在生我气。

b.我就知道你跟我在一起感到很委屈。

* **改正:**

a.你是不是在生我的气呢?

b.跟我在一起,你是不是感到委屈呢?

③ 随意对配偶进行评价

a.你这个人太自私。

b.你简直不可理喻。

* 改正：

a.你的这些做法让我很不舒服，我觉得你考虑自己太多，不太顾及我的感受。

b.你的做法让我很难理解，我们都先冷静一下，下午再谈。

④ 批评指责

a.菜太咸了，让人怎么吃！

b.你的脏衣服又乱丢了！

* 改正：

a.今天的菜有点咸，以后能不能少放一点盐呢？

b.我好不容易把家里收拾整齐，当你乱丢衣服的时候，我觉得心里很不舒服。

⑤ 命令语气

a.叫你别跟小孩子打闹，听见没有！

b.（大声）别在客厅抽烟！

* 改正：

a.你跟小孩打闹让我无法安心看书，能不能和他做点安静的游戏？

b.你能不能去阳台抽烟？

(4)"我"信息表达

"我"信息包含以下4个方面的内容。

首先，用明确但不带任何评判性的词语描述配偶引起你不快的行为。比如，配偶答应你的事情却没有做，我们怎么表述呢？很多人会说："为什么你答应我的事情没有做，你什么意思？故意的吗？"诸如此类指责批评的言辞，对方感觉受到攻击，一定会激烈反击。虽然把事情说明白了，但是带上了猜测和情绪，人反抗的往往不是内容，是态度。因此，不要用评判性和指责性的语句，避免猜测别人的动机，我们可以说"你没有完成答应我的事"。

其次，指出对方的行为在哪些特定方面影响了你。大多数情况下，配偶不会故意伤害你，让你生气，他们只是没有意识到自己的行为会导致这个结果。如果我们让他们在不受攻击的情况下意识到了错误，他们通常乐于改正。比如，上面的例子中，配偶答应你的事情却没有做，我们可以继续讲：我自己去完成，结果上班迟到了。

再次，告诉对方，他/她的这些行为让你有什么感受。说话时应以"我"字开头，不应该说"你伤害了我"。应该这样说："我觉得心里很受伤"或"我觉得心里很难过"，避免将自己的情绪投射到配偶身上。

最后，告诉配偶你希望他/她怎么做才能纠正目前的状况。还是上面这件事，我们可以说："我希望你答应我的事情要按时做完。"

4 要注意说话的时机

怎样才能做到恰如其分地说话呢？很重要的一个方面就是要在恰当的时间说恰当的话。我们都有过这样的感受，当我们对一件事或一个人有了切身感受，就想跟人立即分享，如果没有立即分享，感受就会淡化或被歪曲。

　　妻子对丈夫说："我前天跟你讲的那个事，你怎么想的？"
　　丈夫说："什么事？"
　　妻子有点不高兴："我前天跟你说的，孩子上什么兴趣班的事，这么大的事儿你怎么就不记得呢？"
　　丈夫说："多大点事儿啊，不就是上什么兴趣班吗？你替她选吧。"
　　妻子有点恼了，指责他："你前天不是这么说的，你说让她自己选。你怎么觉得这不是大事呢？孩子的事是小事吗？"
　　丈夫也有点急了："你当时不说清楚！我哪知道你拿这件事当回事，我以为你就是随口一问。"

在谈话中，我们觉得是重要的事情，在对方看来很可能不是什么大事，如果我们当时不明确说出来，对方可能毫不在意或者完全忘记自己说过的话。有些话不能等着过后再说，不要等到积怨太深的时候再沟通当年或当时的事情，这时候就已经很晚了。因此，要在当时表达出自己的感受，这样就可以防止对方的理解出现偏差，避免问题累积到不可收拾的地步。

（1）思维和情绪会影响理解和判断

我们每个人都是一个多面体，从各自的原生家庭带来的思维模式和价值观念不同，成长经历中总结的人生经验和形成的价值标准不同，所以，在接收信息的时候，我们会根据自己的经验对信息进行筛选和判断。

从上面的案例来看，妻子把孩子的兴趣培养当成了大事，因为在她的原生家庭里，父母就是这样教育自己的，而且在成长中，因为自己有一技之长，得到了很多荣誉，这是她的骄傲。她不想让孩子一开始就输在起跑线上。丈夫生在农村，兄弟姊妹三个，父母对他们的教育方式是散养，他的童年很快乐，他不希望自己的孩子从小就被剥夺了童年，但是又无力说服妻子，所以他选择不管不问的态度。

所以，过去的人生经验和价值观念都会影响我们看到和听到的信息，为了避免这种误读，我们可以与对方交流的时候问自己几个问题：

第一，我是怎么看待妻子/丈夫的？

第二，他/她最关注的是什么？

第三，我的感受是什么？

通过这些问题，我们对于自己不理解的部分进行重述，就是用自己的话把对方的意思表达出来，向对方澄清。比如可以说："你的意思是孩子上兴趣班，不知道怎么选择是吗？"也就是说，我们可以慢一点做出回应，就更容易理解对方信息背后的真正想法。

（2）最恰当的沟通时间

夫妻之间最恰当的沟通时间有两个，一个是早晨醒来双方睁开眼睛彼此见到的前五分钟。一个是每天下班后回到家见面的前五分钟。不到十分钟的时间，能为一天和一晚的心情定下一个基调。

比如，你刚朦胧醒来，妻子对你大喊："晚上不睡，白天不起，上班又要迟到了！"这时候你是什么心情呢？很可能会跟妻子吵起来："我是不想睡觉吗？晚上不加班能给你挣来这么好的条件吗？"妻子也不示弱："你挣个金山银山，连个话都不说，有什么用！"丈夫气得饭也没吃就上班去了。

显然，这是妻子在发泄自己内心的愤怒。她希望丈夫能够对自己多关心一点，多陪陪自己。然而这样的方式是不可能达到目的的，反而让双方情绪更加低落。

你想要怎样的早晨？是亲密和谐的，还是争吵不断的，或者是沉默不语的？没有人不想过快乐的一天，可是早晨的争吵一定会给双方一天带来恶劣的心情，双方互不理睬，冷漠相对。

如果你是妻子，你觉得怎么交流既可以表达自己的需求，又可以让双方都有好心情呢？

妻子说："老公，昨天晚上又加班到很晚，辛苦了。我想等你一起睡，和你说说话，可是我太困了就睡着了。"

丈夫说："是有点累，这些天加班也没有跟你好好说说话了，等我忙完了这一阵，咱们一起去旅游。"

妻子高兴地说："老公，我给你煮了养生粥，盛出来一会儿了，刚刚好，赶紧喝了上班吧。"

丈夫吃完早餐，走到门口，给了妻子一个大大的拥抱。

这样的一天会是怎样的呢？夫妻双方都会满心愉悦地工作，幸福满满地期待下班相见。

第二个重要的沟通时机是晚上下班回家。如果在这几分钟沟通得好，整个晚上就会让人感觉很愉悦，像海边度假一般。否则就像雪花飘飘的北国，甚至冷的空气都能凝成冰。

妻子下班回家，看见丈夫在沙发上悠闲地看电视，气不打一处来，边换衣服边埋怨，"一回家就窝在沙发上不动，就知道等吃现成的。"丈夫一声不吭扭头进了卧室。

可以想见，这样的两个人过得怎么样。如果换一种说法，结果就会大不同。

妻子下班回家，看见丈夫在沙发上悠闲地看电视，微笑地说："老公，今天怎么回来这么早？"

丈夫说："今天在外面做业务，比较顺利，就提前回家了。"

妻子说："正好休息一下，这些天你累坏了。我给你做几道你爱吃的菜。"

丈夫站起身说："好，我帮你。"

两个人在厨房有说有笑，整个晚上两个人都愉悦地交谈。

还有一些时间，比如分开一段时间后见面的时候，最初的沟通也很重要，能决定两个人接下来的相处是否愉悦。我们可以用拥抱、微笑、赞美、幽默的交谈来与配偶互道问候，拉开和谐相处的序幕。

不过，谁都不是神仙，总有一些生活上和工作上的压力，所以，我们最好在业余时间给自己留出一段时间，用来解压，我们叫"过渡时间"。这样就可以把一天的压力、挫折、疲惫、焦虑等都释放掉。我认识的一位女士每天下班都会在家门口的咖啡店坐一会儿，叫上一杯冰水，静静地坐一会儿，然后再回家。这样，从工作状态转为生活状态，这是一个不错的方式。

5 用爱人的语言与他/她沟通

(1) 学习对方的"语言"

李丽和张峰是一对新婚夫妇。他们两个来咨询的原因是经常吵架,无法沟通。了解了他们的基本信息和家庭成员状况后,我问他们:"你们两个最难以接受对方的是什么?"李丽说:"我最接受不了他有点事就爱着急,说话很大声。"张峰说:"我最接受不了她一丁点小事也要打破砂锅问到底。"

我问他们:"你们对双方的家庭了解吗?"

李丽嘴快,抢着回答:"说起这个,我觉得有点想法。我是爱说爱笑的性格,可是他们家太沉闷了,他们家都听他爸爸的,但是他爸爸脾气很暴躁,我觉得他脾气就随他爸。"

张峰说:"我承认,她家气氛比我们家好,但是岳母爱唠叨,有时候会抓住岳父一点小事不放,我感觉岳父一直在忍让岳母。岳母对李丽很娇惯,所以才让她这么任性。"

我说:"是啊,两个人结婚,不只是两个人的结合,而是两个家庭,甚至是两个家族的结合。每个人来自不同的家庭,有不同的成长经历,有不同的习惯和规矩,不同的价值观,还有不同的沟通方式,因此,你们看到对方的家庭状况，就可以理解对方为什么有不同的想法和语言。你们有时候是不是感觉与对方谈话根本不在一个频道上呢？"他们两个一起点头。我接着说："所以，我们要学习对方的家庭文化，在不同的家庭环境下灵活表现。其实，就是要学习对方的'语言'，用他们的语言跟对方沟通。"

（2）吵架争执背后的"隐语"

李丽若有所思："我现在大致知道我为什么会揪住一件事不放，非要弄个明白了，原来我妈妈就是这样，她会关注我爸爸的一举一动，很重视细节，我跟妈妈一样。好像大多数女人都这样，关注细节让我们更有安全感，知道得越多，心里越踏实。"

张峰说："是啊，女人就是关注细节，我以为大致告诉你一个结果就好了，你每次都追问'谁谁是怎么说的''你们都做什么了'，我哪有心思关注这些，我就知道某件事情我做好了还是没做好。所以，你逼紧了，我就容易着急，为了制止你再问，就会大声告诉你，结果你认为我脾气暴躁，我是真的不知道怎么回答你，因为这些细节我根本不记得。"

李丽接着说："那你可以告诉我呀！"

张峰说："我告诉过你，可是你不相信，就说我故意瞒着你，我有什么办法。不过，以后我也知道了，尽量多描述一些细节。"

李丽感激地看了一眼张峰，说："谢谢你。我也是怕你像你父亲一样，成为一个脾气暴躁、沉闷的人，所以，有时候也希望你多说说话。可是只要一说，你就容易着急，我就觉得你很烦我。"

张峰诧异了一下，说："没有想到你有这样的顾虑，其实我还是比较喜欢你们家的家庭氛围，虽然你妈妈爱说一点，但是也很可爱。我希望你以后多说一些单位或朋友的趣事，不要总是追问我，好吗？"

李丽说:"可以。"

每个人行为背后的关注点不同,了解了对方的关注点,就会破解吵架的语言密码。如果两个人能相互理解对方行为背后的"隐语",心灵就能达到深层次的融通。

(3)对词义理解的不同

我跟他们讲:"家庭塑造人,不同家庭的人对词句的理解是不相同的。学习对方的语言,也要保证对一些词语的理解是一致的。你们有没有因为对一个词语的理解不同而生气吵架的时候呢?"

张峰抢先说:"有,比如我们要一起出门办事,看我都收拾好了,她就说让我先下去,先发动车等一两分钟。我心想,发动车子也要一分钟,不算久。但是,每次她都让我等至少二十分钟。我都快崩溃了。"

李丽把话抢过来:"我是在化妆嘛,哪有那么快。"

张峰马上接过话:"那你干吗让我等一分钟。你还一路上说我值得那么生气吗?"

李丽打断张峰:"本来嘛,不就是晚下来一会儿吗?再说又不是特别着急的事。还有你,我给你打电话问你几点回来,你说一会儿到家,我以为十分钟就能回来,可是足足等了你一个小时。"

看他们两个又有吵起来的趋势,我赶紧说:"看来你们对时间的理解是不同的。张峰希望李丽遵守说好的时间,李丽希望张峰能把时间说具体一点。在不同的情况下,希望你们彼此理解一下,不要因为理解不同再产生矛盾。"

两个人思考了一下同意了。

李丽说:"还有,有的时候我学做了一个菜,想让他评价一下,他每次都说'还行'。我搞不明白,'还行'是什么意思呢?这让我很受打击。"

张峰说:"还行,就是不错。"

我说:"如果给李丽做的菜打分,按十分计算,你觉得打多少分?"

张峰说:"7~9分。"

李丽说:"这样吗?我还以为你说'好吃''很好吃'才是赞美呢。"

张峰说:"我从小就不会夸人,'不错'对我来说基本就是最高评价了。我一直觉得我特别爱吃就是最好的赞美了。"

我说:"看来真需要了解彼此对词语的理解,避免造成误会了。还有很多词汇,你们可以多沟通,理解对方的本意,不要用自己的理解来理解。"

两个人会心一笑。

双方对词义的理解误差,还有一个案例。我有一位来访者,因为是再婚,她非常敏感多疑。一次,她老公不想参加朋友的聚会,跟朋友说:"我刚从外面回来,人家帮我看了十几天孩子,我今天不去了。"她一听"人家"两个字,立刻就爆发了:"我给你看孩子,你还把我当外人,说我是'人家'!结婚这几年我给你们家付出多少,我怎么这么傻,我是真心换不来真心!"

很明显,"人家"就是一个称呼,老公的意思是"听话人以外的人",用在这里还有感恩的意思,结果她理解成了"外人",跟老公大闹一顿。是她的敏感和不甘心让她对一个普通的词产生了误解,导致了夫妻矛盾。

夫妻关系和谐的秘诀之一就是用爱人的语言与他/她沟通,愿意学习对方的语言,是以爱为前提的,愿意接纳、尊重对方,愿意与对方共同营造幸福的婚姻。

❻ 不要忽视非言语信息的重要性

除了语言沟通之外，还有一种很重要的沟通方式：非言语沟通。在生活中，我们常常通过一种不那么直接的方式获取他人的反应信息。比如通过面部表情、目光接触、身体动作和接触，还有语音、语调、语气来了解对方的内心想法，甚至在他人试图掩藏他们最真实的感受时，都会通过非言语信息的方式泄密。

除此以外，非言语信息还会透露一个人的修养和品位。比如饭桌上吃相能反映一个人的个人素质和生活习惯；一个人站在街边，不时地看手表，很明显是着急。

（1）非言语与言语发生冲突，更愿意相信非言语

这是人的一种本能，当口头语言与非言语不一致的时候，人们更愿意相信非言语信息。

小秦与老公发生矛盾，老公一气之下回了老家，这让小秦非常生气，她不停给老公打电话。后来，婆婆接了电话，小秦一听是婆婆的声音，就把老公的"劣迹"全都告诉婆婆。婆婆劝了几句，可能有几句话不合小秦的心意，小秦便说了几句气话。

第七章 沟通消除壁垒

后来因为种种矛盾,小秦的丈夫提出了离婚。小秦为了孩子不想离婚,她就想先服软,去跟老公道歉。结果道完歉老公更加生气,说:"你这是道歉的态度吗?嘴上说你错了,但是你的态度还是趾高气扬,我看你根本没有认识到自己的问题。我也不接受你的道歉。如果你不肯签字,那就法院见吧!"

小秦找到我,希望我帮她挽救自己的婚姻。我帮她分析了在婚恋关系当中自己存在的问题,自己哪些举动有意或无意地伤害了对方。她终于认识到自己的问题,认为自己在这次婚姻危机中承担80%的责任。当她意识到这一点的时候,非常真诚地给老公发短信道歉。老公感觉到了她的真诚,同意再给婚姻一次机会。

因为非言语更容易透露出一个人的本心,别人很容易捕捉到一个人的言语是否真诚,是否发自内心。一个信息包含两个部分:内容和非言语信息。有人认为,成功的表达应该包含7%的内容和93%的非言语信息。所以,人们往往会忽视内容,关注语气和态度。

(2)非言语信息是潜意识的表达

当然,在非言语沟通当中,面部是最容易表达情绪和态度的组成部分。如果把一个人的面部遮住,我们几乎不可能知道这个人的内心感受。但如果遮住一个人的身体,只露面部,我们就更容易理解这个人的内心感受。

人的面部表情传达的意思是有共性的,比如,当我们感到迷惑或尴尬的时候,通常会挠挠头;遭受挫折的时候会紧锁眉头;愤怒的时候会瞪眼睛、提高音调;害羞的时候会脸红;胆怯的人不敢直视别人的眼睛等。

非言语信息的传递还可以通过与他人的空间关系变换来完成。比如,夫妻两个争吵,两个人的距离就会自动拉远,如果一方向你靠近,你也会本能往后退,这是预感到了对方可能要伤害自己的自我防御。

你知道为什么在电梯中很多人要数着跳动的楼层吗？其实就是空间距离太近，让人感觉不舒服。

美国人类学家爱德华·霍尔博士为人际交往划分了4种距离，每种距离都与双方的关系相称。

① 亲密距离：6英寸～18英寸之间（15cm～46cm）。15cm以内，是最亲密区间，彼此能感受到对方的体温、气息。15cm～44cm之间，身体上的接触可能表现为挽臂执手，或促膝谈心。44cm以内，在异性，只限于恋人、夫妻等之间，在同性别的人之间，往往只限于贴心朋友。

② 个人距离：1.5英尺～4英尺之间（46cm～122cm）。这是人际间隔上稍有分寸感的距离，较少发生直接的身体接触。

③ 社交距离：4英尺～12英尺（1.2m～3.7m）。这已不是亲密或熟人的人际距离，而体现出一种公事上或礼节上的较正式关系。

④ 公众距离：12英尺～25英尺（3.7m～7.6m）。演讲者与听众、明星与粉丝之间的标准距离就是公众距离，这种距离的好处是能让仰慕者更加喜欢偶像，既可以保持神秘感，又不会遥不可及。

在非言语信息中，还有一种很关键的元素是声调和语气。有时候明明知道对方的内容和建议是好的，就是因为对方带有指责和批评的语气，而本能地反抗。

同样一个句子，如果我们改变声调、重音和节奏，就会表达出不同的意思。比如"我和你一起去"，就可以表达成我和你一起去；我和你一起去？我和你一起去；我和你一起去；我和你一起去！等等。

一般来讲，男性讲话声调变化较少，是因为男性一般不会将上颚张得很开，所以鼻音较重一些。男人一般使用三个声调，女性的声调却超过五个，加上丰富的表情，较多的语气词，女性在沟通方面更加流畅灵活，而男性则一般通过提高声调来强调内容。因此,当男性提高声调的时候,很有可能是在向我们强调他要表述的内容而已,并不是要跟我们吵架。

(3) 非言语沟通的力量

如果父母想要表达对孩子的爱,如果毫无表情地说"宝贝,我爱你",是没有意义的,不如用肢体语言给孩子一个拥抱。

夫妻之间也如此,如果妻子任性发脾气,觉得老公不在乎自己,这时候老公可能怎么解释都不好使,不如直接拉过来强硬地抱在怀里,任她挣扎,一会儿就会安静下来,乖乖地享受这种不用言语表达的爱了。

夫妻沟通的时候一定不要眼神游离。如果沟通的时候你不和配偶进行眼神交流,就会让对方感觉自己不受重视,或者会觉得你没有认真听他讲话。这时候,很多人会重复他们的讲话内容,因为他们不确定你是否听到了。你或许会嫌弃对方唠叨,对方会抱怨你不尊重他。

一个人的言语可能说谎,但是非言语信息是无法掩饰的。很多夫妻认为彼此无法沟通,其实这是不可能的,他们可能没有言语上的沟通,但是非言语沟通却无时无刻不在进行着,我们在通过自己的非言语信息来分享自己的情绪和感受。比如,丈夫下班回家,打开门,换了鞋子,一句话没说,直接进了卧室。妻子一看,心想:"今天遇到什么事情了?我还是不要打扰他。"吃晚饭的时候,妻子忍不住问了一句:"发生什么事情了吗?"丈夫虽然说没事,但是妻子还是从丈夫的表情中感觉到发生了什么事。果然,丈夫临睡觉前跟妻子说:"自己的去外地考察的名额让别人占了。"

其实,并不是我们说得越多,越能影响别人,起关键作用的是非言语的沟通。所以,最好做一个表里一致的人,过多的掩饰会让彼此的距离越来越远。

❼ 女人怎么向男人表达情绪

（1）了解男人的情绪

生活中，我们必须与人发生情感联结，在已婚的女性看来，男人是孤独的动物，轻易不流露自己的情绪。其实男性保留自己的情感有很多原因，主要原因是：第一，要保护妻子不遭受痛苦，不能精力浪费在情绪上。第二，担心别人指责自己太软弱。第三，害怕暴露自己的弱点，避免受到伤害。

所以，他们轻易不外露自己的情绪。难道，他们真的没有情绪吗？

肯定不是。社会上对男性的要求较高，比如事业成功、经济支柱、成熟老练、情绪稳定，能胜任各种事情等，当然，自己的妻子也会给男人加码，希望他们做到自己希望的那样，如果男性达不到，他们内心会很自卑和痛苦。男人的痛苦其实是女人所无法理解和体验的。

男性常常告诉自己：谈论情绪有用吗？不如多做点事情改变一些什么。所以，男性会把自己"不必表达情绪"合理化。

他们还抱持这样的态度：情绪总会过去的，不把它当回事就好了。他们也常常会沉溺在工作中，麻痹自己，让自己少有时间与自己的情绪接触。

男性表达情绪的方式比较单一，比如受到伤害、感到恐惧、焦虑不安时，很可能就会转化为愤怒。他们用愤怒来代替很多情绪，很可能就是因为他们不会区分情绪，更不会表达情绪。

遇到情绪问题，他们希望能够掌控情绪，想尽办法要忘掉它，或者用酒精、毒品等来麻醉自己，逃避情绪。

都说女性很容易产生情绪阴影，实际上，男性比女性更容易产生情绪阴影，他们会回避引发情绪的情境或人，避免自己受到伤害。

男性不像女性，有了情绪会哭闹，他们会通过生病、行为大大咧咧或伤害自己等方式来使得自己的情绪能够被人接受。

（2）男性表达情绪的阻碍

对男性来说，如果分享情绪能够带来风险，他们是不会冒险的。

如果想让他们分享自己的情绪和感受，他们对妻子是有一些要求的，我们可以听听男人的心声：

如果我向你敞开心扉，必须保证是没有风险的。我不想说出我的情绪后，你会加以评判、指责或者嘲笑。我想坦诚但是不想惹麻烦，我不想分享了之后会被你不停地追问。如果我不想说了，能否立刻停止？

有的时候我分享内心感受的时候，会被你打断："你说得不对！"我不知道你是根据什么判断对错的，为什么你说的都是对的呢？既然我每次都说得不对，那我干脆不说。

你经常要求我与你的情绪同步。你或许不知道男人跟女人的思维不同，我是可以置身事外的，我可以有不同的感受，不是一定要与你一样。

当我坦诚地跟你谈我工作遇到的困扰和挫折，你却说我在博得你关注和同情，或者说"你们的事情我搞不懂，别和我说"。当我向你表达爱意的时候，你却说我一定有什么企图或者只是为了和你亲热。我不知道为什么我袒露我内心的时候,你一定要反着理解我。

(3) 男性要学会表达情绪

看到女性流畅地表达自己的情绪和感受,男性不要自卑,也不要退缩,不要试图去跟她们比较。男性可以让女性明白,要用自己的方式来表达自己的感受。

当习惯性地逃避表达自己感受的时候,男性需要清醒地认识到,表达出自己的感受和情绪才能让别人更多地了解自己,才能更好地建立亲密关系。有的时候,用吵架的方式来表达自己内心感受和情绪,比逃避、冷漠的方式要好很多。

很多女性是感觉型的,喜欢说"我觉得"。男性总是习惯用第二人称表达自己的看法,比如"你是怎样的""你不应该怎么做",男性可以学习女性的这种表达方式,把我们内心的感受说出来,男性可以说"我觉得""我的内心感觉是……"。

与妻子真诚地沟通,对自己妻子表达出自己的期望,当自己表达不清的时候希望妻子谅解,同时让她知道自己的表达方式可能与她不同,希望她理解,或者帮助自己表达出内心真实的情绪,而不是用嘲讽、批判的方式来对待自己。

(4) 女性怎么向男性表达情绪

在婚姻相处当中,女性的情绪波动相对较大一些,那么,妻子产生了情绪该如何向丈夫表达呢?

首先,情绪最怕累积,越积压可能爆发的力度也就越大。如果妻子像暴风骤雨般向丈夫发泄情绪,他们一般难以承受,甚至出现短路的现象,比如摔门

第七章 沟通消除壁垒

而走，或者暴怒，大打出手。因此，情绪最好不要累积，别一下子全部发泄出来，可以分期分批地表达自己的情绪。事情的结果往往是这样的，当我们分期表达自己情绪的时候，解决了一个问题，后面的情绪有可能就被化解，消失于无形。也可以集中在一个时间，按我们上面说的"真空时间"，排除一切干扰进行深层次沟通。

再者，不要随意打断对方，更不要做出评判。男人对情绪的感知本身就是模糊的，如果我们还去打断他们谈话，而且还要做出评判，对方很可能就会关闭开启的心门，拒绝沟通了。女性是善于倾听的，尤其是对同性，她们有极大的耐心来倾听对方，与对方共情。如果妻子能拿出对同性朋友的耐心与同理心，听配偶表达完自己的情绪，对男性来讲，他们会感觉非常安全，而且会增加夫妻的亲密度。

一位女性朋友跟我说过这样一件事。她说，有一次她看老公情绪实在不好，想要跟她说什么，但欲言又止了。当时，她正在做家务，看到这个情况，放下手里的活儿，坐在老公身边，对他说，老公有什么话跟我说说好吗？老公把自己工作中的压力和情绪通通说了出来，大概说了半个多小时。这期间，她一次没有打断他，也没有做任何评价。只是回应他"嗯""是""确实"。当老公把话说完，他很感动，主动上来拥抱她。她突然感觉到：自己这样做，让老公有非常大的安全感，他们之间的亲密感增加了很多，这是她从来没有想到的。

男人分享自己的情绪比女人需要更大的勇气和努力，消耗更大的精力。当男人鼓足勇气说出自己情绪的时候，妻子不经意的打断，会让他们产生这样的思维：我错了，我又在白费力气。男人的目标感很强，喜欢系统、完整地做完一件事，打断他们会让他们觉得过程不完整，很有挫败感。

8 学会倾听,促进有效沟通

女人的优势是善于倾听,她们能很好地倾听同性朋友的话,以此来获得亲密关系。因为她们懂得女人最想要什么。但是,对于配偶,倾听就变得难了。相对女人来说,男性不善于倾听,更善于思考。可是,男性满足女人的首要法则,就是耐心地倾听女性的苦恼和情绪。在女性看来,男人能够耐心聆听自己,就是给自己最大的关爱、理解、尊重和体贴。

倾听是沟通的重要组成部分,没有倾听,也就没有沟通。经常听妻子或丈夫抱怨:他/她根本不知道我在说什么;他/她从来不认真听我讲话。你有没有一种体会,你和配偶交谈,你们的谈话,只是在相互告白,都想对方能听自己说,而根本不去听对方在说什么。这样的沟通是失败的。所以你会发出这样的抱怨:我跟他根本无法沟通!是我们真的无法沟通,还是我们不肯去倾听呢?

(1)什么是真正的倾听

听,主要是基于自身的目的去获取信息,你关注的东西进入你的耳朵,是被动行为。倾,是倾注的意思,是指增加自身注意力,投入感情,尽可能地去理解对方的情绪。倾听,是一种主动行为。

倾听有以下三个方面的含义。

第一，当对方停止说话的时候，我们并不急于表达自己的意见。很多时候，我们不是在认真听他说了什么，而是在思考他对我说了什么，他指责我什么，他是不是在攻击我。而且，我们还自以为是地以为我们知道对方想要说什么，所以提前做好了心理防御。这样的倾听，效果会大打折扣。对方也感知到我们的防御，心里就会产生不舒服的感觉，从而导致沟通失败。真正的倾听，不但在神态上要全神贯注，而且在行为上不急着回应对方，用恰当的沉默来表明自己正在消化对方的谈话，就像第一次与恋人谈话一样专注地听他讲话。

第二，不评判对方说话的内容和语气，不打断别人说话。有时候，对方的某些敏感话题可能引发我们的罪恶感、羞耻感，让我们焦虑不安，激发我们的防备心。我们可能本能地从听话变为反驳，想立刻证明对方说的话不对。这时候的对话就会变成对抗。这个时候，我们可以冷静理智地听完对方的话，先沟通对方所要谈话的内容，等双方平静后，再讨论对方的声调和态度问题。

第三，倾听中，我们可以重述配偶说的话，以便澄清是否真正理解了对方想说的内容。比如，在谈话中，我们可以这样说："你看我理解得对不对，是不是这样的意思……"以此来确保我们真正弄明白了对方的意思，不至于产生误会。

（2）为何不能倾听

可悲的是，在大多数家庭中，夫妻之间很难倾听彼此。这是为什么呢？

首先是家庭因素。

习惯的力量是巨大的，父母没有给孩子做好榜样，经常吵架。孩子从父母那里无法习得好的相处模式，自己组建家庭后继续沿袭父母的吵架模式。

如果一个孩子经常被父母批评指责、冷嘲热讽，他的内心会非常痛苦，为了减轻痛苦，他就会屏蔽父母的话来达到自我保护的目的，于是，他慢慢失去了"听"的能力，总是表现出心不在焉的状态。

有的父母非常忙碌，孩子有很多话想跟父母讲，但是父母根本没有时间坐下来陪孩子说话。于是孩子会把心里话说给自己的宠物听，只有听他倾诉的伙伴，没有与他说话的人，孩子很难学会倾听别人讲话。

其次是个人的原因。

在沟通中，一方习惯性地同时做几件事，比如配偶说话时我们眼睛不离开电视，一边打着游戏一边听配偶说话等，这样的沟通就会变得非常困难，对方也会因为自己说话没有被尊重而恼火。

个性偏执，以自我为中心的人很难听得进别人的话，他们固执地认为自己的意见都是对的，别人都是错的。遇到这样的人我们只能放弃沟通。

还有一种情况可能是先天性的缺陷，有学习障碍、感觉统合失调的人比较难以专注听别人说话。

最后是配偶的问题。

在婚姻中，一方过于强势，总想把自己的意志强加给对方。另一方就会非常反感，对于沟通产生排斥心理，习惯性地回避，很难做到认真倾听。如果双方积怨太深，矛盾太大，很难坐下来好好沟通，更不会有耐心去倾听对方。

（3）倾听的秘诀

① 不要用质询的方式倾听。

有些人喜欢鸡蛋里挑骨头，他们认真地寻找着对方谈话里的问题而忽视了谈话的主要内容。

比如，妻子说："最近为了孩子的学习真是操碎了心，我感觉自己好几个月都没有好好休息了。"

丈夫说："你怎么没有休息呢？上个星期你还睡了一天呢。"
妻子说："我的意思是我太累了，你怎么不理解我呢？还专挑毛病！"

妻子的意思是抱怨一下自己太累了，希望老公能理解安慰自己一下，但是丈夫却要在时间上较真，让妻子很不舒服。因此，我们一定要理解对方所要表达的真正意图，不要只是抓在对方说得不恰当的地方，或与事实不符之处，或者批评对方思想有问题等。

② 不要像审判官一样听话。

有些人总是把自己放在家长的位置上，动辄评判配偶的言行对错，这样的倾听方式会给婚姻造成很大的伤害。

妻子说："最近感觉手头有点紧，我今天去彩票站买了几张彩票。"
丈夫说："你还能做点正事吗？还信自己能中奖，真是异想天开。"
妻子说："我怎么做都不对吗？难道在你眼里我都是错的？"

丈夫为了维持自己在家里的权威，对妻子的言行指指点点，评判对错，这是夫妻相处的大忌，让对方感觉自己被压制，进行反击。

③ 有效处理攻击性对话。

丈夫说："真见鬼，大早上起来就不见了我的车钥匙，你把我的车钥匙收拾到哪里去了？我快要迟到了！"
妻子说："你找不到东西就找我，我没动你的钥匙。别问我！"

丈夫因为找不到车钥匙着急，难免会说一些带有攻击性的话，妻子的话很容易让他更烦躁，引发情绪连锁反应，引起不必要的争吵。而且，丈夫带着情绪开车会增加危险系数。如果妻子能明白丈夫心里的急躁是因为怕迟到，放下本能的反击，就可以有效化解冲突。

④ 不要过度让步。

丈夫说："今天休息，咱们到4S店保养车子吧。"

妻子犹豫了一下，说："好吧，听你的吧（其实，她想让老公陪她回娘家一趟）。"

听话的时候，一方面要考虑对方的需要，一方面也要考虑自己的需要，如果一味地压抑自己的需求，就会累积很大的愤怒，势必会在今后的相处中发泄出来。因此，要及时地表达出自己的需求。尊重自己需求的人，才会得到配偶的尊重。

在婚姻中，地位和力量不均衡的夫妻总是会出现矛盾冲突，一方总是想要控制另一方。平等的夫妻之间能相互倾听，用彼此体谅的合作方式达到彼此的满意，收到了夫妻双赢的效果。

第八章

婚恋心理咨询实录

❶ 不怕离婚，才可以掌握婚姻主动权

A女士是一个不怕吃苦、勤恳老实的女人，十几年前与丈夫一起白手起家，从无到有，拥有了千万身家，女儿也已经十岁了，活泼可爱，成绩优良。按理讲，这是富裕快乐的一家人，是很多人羡慕的对象。可是，几个月前，她感觉老公行为有点异常，好几次说谎话骗她。追问过几次，老公都搪塞过去。她越琢磨越不对劲，跟朋友倾诉，朋友建议她在老公的车里偷偷安装了定位，虽然能看到老公的行动轨迹，但是老公依然满口否认自己出轨。

A女士疑虑越来越重，她通过各种手段查到了老公的开房记录，甚至亲眼看到老公和别的女人从一个陌生小区出来……老公看实在瞒不住，承认了自己出轨的事实。如果说之前A女士还抱着一丝期望的话，现在是彻底崩溃了。

A女生来到我的工作室，形容憔悴，时不时痛哭讲不下去。可是，她一再表示，两个人打拼这么多年不容易，孩子还小，父母不想他们分开，老公也愿意跟那个女人断掉，所以自己不想离婚。

既然不想离婚，我们一起制定方案，改变自己来弥合感情。A女士压抑了自己的痛苦，尽量平静地与老公一起过日子。可是老公越来越过分，不仅态度上越来越硬气，而且还偷偷与那个女人来往。A女士几近崩溃，提出离婚，好几次两个人走到民政局，都因为A女士心软而没有离成。反复几次，老公的态

度越来越嚣张。一次矛盾之后，老公趾高气扬地对A女士说："我出轨了，有本事你离婚啊！"

我帮她分析了老公的心理，分析了这种情势下两个人的关系走向，A女士彻底死心了，这次她下定决心与老公离婚。她拿着之前商量好的协议，拉着老公去民政局。没想到，看到A女士的决绝态度，老公怕了，拔走了A女士的车钥匙，向A女士坦白了与那个女人交往的所有情况，并坚决保证：如果再与那个女人联系，自己净身出户，任凭A女士处置……

经过一年的考察，A女士的老公确实真心改过，踏实过日子。

当然，不是所有做出断然离婚的选择都可以让配偶回归，但是，我们怕离婚，有太多顾忌，就会让对方抓住我们的软肋，轻视我们，甚至会践踏我们的尊严。所以，当男人说"给我一段时间，我们断掉"的时候，别犹豫，一定告诉他：不可以。他不是想断掉，他是想拖延时间，考验我们的耐心，直到最后我们默认第三者的存在，或者被第三者挤走，被动离婚，那时候我们的境遇会更加悲惨。

离婚不可怕，可怕的是害怕离婚，我们的果断会让我们赢得尊严。即使离婚，对方也会尊重我们，也有可能会回头寻找我们这颗珍宝。

不怕离婚，就掌握了婚姻的主动权。

❷ 独立的女人才能赢得自己的尊严

34岁的B女士与丈夫结婚九年，有两个女儿。本来B女士之前有很好的工作，可是怀孕后，老公就劝说她离职，做起了全职太太，一个人先后带大两个孩子，还要操持家务，长期的全职妈妈生活让B女士的容貌气质和谈吐都不如从前，而老公的公司越来越顺风顺水。有一天，老公对她说，他认识了一个离婚的女人，这个女人也是做公司的，而且跟她在一起半年多了。B女士很生气，哭过闹过，但都无济于事，丈夫依然我行我素，甚至有的时候不回家过夜。过了一段时间，老公又跟她说，他准备跟外面的女人生个孩子。B女士又闹了一次，无果。接下来，老公在家庭聚会的时候，把外面的女人带回家给家里人认识……

B女士的憋屈郁闷可想而知，她倾诉了两个小时，表示想离婚，但是又怕自己没有能力过好自己的生活，更没有能力抚养女儿。她一度陷入绝望，觉得自己的人生已经无可救药。

九年时间，足以消磨一个人的意志和自信。通过深入分析，B女士终于认识到老公为什么可以这样对自己，完全不顾自己的尊严和感受，屡屡触碰自己的底线。是因为在家庭当中没有了经济地位，渐渐远离朋友，远离社交圈子，整天围着老公和孩子转，对老公的事业发展没有可行性建议，这就失去了自己的存在感和价值感。她终于明白，必须要找到自己的价值和定位，必须要维护自己的尊严，重新开始。

B女士把自己多年荒废的专业重新拾起来，开始了解业内行情，投放简历，应聘工作。这期间，老公一直阻挠，但B女士一直没有放弃。在她接到应聘公司通知的那天晚上，她坚决地向老公提出了离婚。

经济独立才能有机会赢得自己的尊严。

❸ 真正伤害我们的，是我们的期待和想象

在工作室见到小C面容憔悴，坐下之后就开始哭诉老公对自己冷漠无情，即使自己生病了，也漠不关心，而且还说小C没事找事，矫情。

小C的原生家庭不幸福，父母经常吵架，在她的记忆里，她和妹妹经常在父母吵架的时候，缩在床头一声都不敢出。长大之后她到了很远的地方上学，很少回家，慢慢变得开朗了一点。她和老公是大学同学，毕业没多久，两个人走进婚姻。

婚姻生活并没有像小C想象的那样温馨甜蜜，老公的工作越来越忙。刚开始，小C会抱怨老公不陪自己，不关心自己，老公越来越不耐烦，终于连续发生剧烈的争吵，老公更不愿意回家了。

小C非常苦闷，身体也受到了影响，患上了严重的妇科病。患病之后，老公的态度有些好转，但是没过多久，老公的态度又变得冷漠如初。

我帮小C分析了她的内心世界，让她知道由于小时候缺失温暖和关爱，把巨大的期望都寄托在老公身上，希望老公能把自己捧在手心里，来补偿儿时爱的缺失。我告诉她，在恋爱的时候，男朋友还是学生，有很多空闲时间，加上爱的吸引，男朋友会基本满足她的需要，她会感觉被宠得很幸福。可是，结婚之后，在社会期待和工作生活的压力下，男人的重心开始转移到工作中，就不

能满足她的期待。于是，屡屡的失望让她产生更多的想象，想象老公不爱自己了，他可能有了外遇等等，这些想象促使她产生更多的负面情绪，而负面情绪多日累积，也会攻击她的身体。而她发现身体的病痛会获得老公的关注，无意识中会缠绵在病痛中。

放下期待，需要很大的力量，因为童年的阴影会不断地释放错误的信号，让她一次又一次的"沦陷"。不过，经过持续的疏导，小C终于慢慢放下内心的期待，开始关注自己的内心，通过扩大自己的朋友圈，培养自己的兴趣爱好，旅游锻炼等方式不断充实自己的生活，令人意外的是，她发现了自己的另一个潜在的能力，通过自己的努力，获得了另一份收益。最让她感到不可思议的是，老公对她越来越在乎了。

在婚姻期待中，很容易出现一种非黑即白的极端思维模式，符合我期待的和不符合我期待的。我们会先预期人和事"应该怎样"，但是人或事没有按照自己的预期发展，我们就会出现巨大的心理落差，于是产生巨大的愤怒，会想象对方做了让自己更加接受不了的事。

可想而知，当我们用错误方式去改变别人、南辕北辙的时候，我们的内心是多么痛苦失落。唯一合理的，只有放下对别人的过多的期待，当我们对别人产生愤怒的时候，思考一下：我们对对方有什么期待呢，对方有没有必要满足我们这个期待，该如何合理满足自己的期待。然后关注自我的成长，停止负向想象，让自己活在现实中，学会爱自己，尽力通过自己的努力让自己更充实。

因为，我们需要为自己的情绪负责。

❹ 只是"为了孩子"的婚姻值得守护吗?

小D是大四的学生,她很独立,上大学后就开始自己做家教和微商,没有从家里要过生活费。但是自从找了男友,平时温柔的小D变得越来越暴躁,经常会对着男友大喊大叫,也多次跟男友提出分手,之后又求男友回来。她不明白自己到底怎么了,所以来求助。

原来小D有一个不和谐的家庭,父母经常因为一点琐事吵架,多次提到离婚,而每次吵架母亲都会说"要不是为了孩子,我早和你离婚了"。

"从小到大,我每天都生活在恐惧中,我怕爸爸妈妈吵架,怕他们一吵架就要离婚,怕他们离婚不要我,因为家庭条件一般,所以我不敢跟他们提任何要求,我怕他们又因为我而吵起来,我只能靠自己……"小D说,"我很希望和男朋友好好相处,可是,他有一点让我不满意,我就会控制不住地发脾气提分手,可是,每次我都害怕得要命,要把他找回来,我害怕被抛弃……"

小D的状况不算很严重,通过一系列的心理和情绪疏导,状况有了很大缓解,还有很多问题家庭的孩子,甚至有罹患严重的抑郁症、焦虑症、强迫症、社交恐惧、情绪障碍、人格障碍、双相情绪情感障碍等。在案例分析中发现,完整但不健康的家庭比离异家庭给孩子造成的伤害要大得多。

孩子成长需要一个稳定的环境,需要平和的父母给自己足够的关爱,父母不和，或争吵、或冷战，孩子会在父母身上寻找安全感，动荡的家庭环境，会让孩子内心充满恐惧和焦虑，会把父母的矛盾归咎到自己身上，因此变得自卑懦弱，有强烈的被抛弃感——我是不被爱的，我是无能的。他们会在人际交往和学习工作中产生退缩逃避，很容易形成人格障碍和情绪情感障碍。

其实，"为了给孩子一个完整的家"，是一个很体面的借口而已，是父母自己不想失去一份稳定的关系，害怕孤单，恐惧没有依靠。一个不成熟的父亲和母亲，如何能给孩子足够的关爱，一个不快乐的妈妈，怎么能让孩子快乐呢？

当然，如果夫妻关系没有到达破裂的地步，理智的父母一定要想办法弥合夫妻感情，通过理智沟通，找到夫妻关系中的弊病，学会沟通，合理相处。

请做父母的记住一句话：给孩子最好的礼物，是一个幸福快乐的家庭。

❺ 不要因为"他对我好"而选择一份感情

小F，28岁，公司职员，本科学历，在高中的时候与同学相恋，因为初恋男友对她不够好，有时几天都不联系她，两个人经常为一些小事情吵闹，相恋4年后分手。分手另一个原因也是因为一个本校的家庭富裕的男生猛烈追求她，虽然小F不喜欢他的油嘴滑舌，但是他的宠溺慢慢瓦解了她的防线，在与初恋男友分手一个月后，两个人正式在一起了。

两个人在一起之后，虽然也会有一些小矛盾，但是男友总是用一些小礼物，制造一些小浪漫来逗小F开心。相处一年多之后，意外怀孕，两个人就领证结婚了。

结婚后，两个人开始有了明显的矛盾，老公再也不像之前那样花心思在自己身上，经常和朋友出去喝酒，回来玩游戏，虽然会时不时给小F带回一些小礼物，但是她却感觉老公对自己越来越冷淡。尤其是生孩子之后，老公说他看到生孩子的过程，感觉再也接受不了夫妻生活，两个人开始分居，到现在已经两年了。

小F不明白，为什么老公之前对自己那么好，现在却这样对自己，小F非常痛苦无助。

"他对我好""他会哄我开心"，我们只是在享受着被宠的感觉，我们爱上了这种感觉，就会忽视一个人的人品和相处方式。可是，他可以对你好，也可以对你不好。恋爱的时候，由于两性吸引和心理需求，就像雄孔雀开屏吸引雌孔雀一样，对方用尽解数哄你开心，发生矛盾也会自己服软认错，女孩儿沉浸在温柔乡中无法自拔。但是，几乎没有一个人会无限接纳我们的任性，慢慢就会在内心滋生愤怒，但又不得不压抑下去。结婚后，两个人关系稳定了，安全了，就不用掩饰自己的愤怒了。

因此，开始一段感情，一定要看清一个人是否有健康人格，是否有足够的责任心。

❻ 我的爱人总是喜欢回避问题

H女士是一个说话利落、精明能干的女人，她讲述自己的诉求也是语速较快。H女士与老公结婚四年，她越来越困惑，不明白两个人之间到底出了什么问题，老公越来越不愿意与自己沟通，回家就是一张沉默的脸。不管是好坏坏话、冷战吵架都用过了，老公依然我行我素。H女士是做政工的，道理讲得头头是道，但是对于老公没有任何作用。搬来两边的父母来劝说，老公就坐在沙发上一言不发。在外人看来，老公是一个老实谦和的人，但H女士看来，老公就是一块拒绝融化的冰。

我问H女士："你给老公打电话他接吗？"

"不接啊！他不接，我就不停打，一直打到他接为止，打通了我们就大吵一顿。"H女士愤愤地说，"我一看到他的冷脸就忍不住发脾气，就会抱怨他不关心自己。其实，一直想跟他说说心里话，解开我们俩的死结，可是，老公一直在逃避……"

H女士是属于焦虑型的女性，她们最恐惧的就是没有回应。她们会通过沟通交流得到回应，以此来获得安全感。如果没有回应，她们会抓狂，通过逼迫的方式达到自己的目的。可悲的是H女士的老公是一个回避型人格的男人，回避型的男人最害怕的是暴露自己的内心，对于咄咄逼人的侵犯，他们就用封闭自己的方式来保护自己，而且他们还以为，回避问题就等于没有问题。于是两个人开始了周而复始的"斗争"。

有意思的是，最初老公吸引H女士的是他的稳重踏实，H女士吸引老公的是她的热情大方，敢说敢做。但是结婚之后，两个人看不到彼此的优点，一直试图把对方改造成自己样子。

夫妻两个陷入了一个死循环：逼迫—回避，妻子不断的抗议、逼近、索取关爱，丈夫不断逃避、推远、拒绝沟通。

第二次，H女士与老公一起咨询，达成共识：

妻子要相信回避型的老公不是不爱自己，而是他不接受妻子咄咄逼人的态度。妻子要放缓节奏，放慢语速，给老公一个空间。

老公也尝试接受妻子的节奏，尽量给出一两句回应，缓解妻子的焦虑。如果不想说话，可以给妻子讲一点大概遇到的情况，告诉妻子自己需要一小段时间独处，过半个小时两个人再谈。如果妻子打电话过来没空接，可以发一个短信告知。

这样，两个人就建立了新的模式：独处—沟通。

❼ 真正让我们痛苦的，是我们的不甘心

小K有一段五年的恋情，刚开始的前两年，她与男友关系和谐，度过了一段美好的时光。可是，大概从第三年开始，男友开始不断与其他女孩搞暧昧，小K与男友吵过很多次，分分合合很多次，每次都是小K哭着求男友回来。后来，男友与一个大他五岁的离异女人同居了，小K每次找他，他都会告诉她：他需要这个女人帮他完成一个项目，等过了这个月就回来了。可是，小K一等就是一年。小K越来越疲惫，可是，她来求助的目的还是要想办法挽回男友，因为她不甘心，不甘心自己付出五年换来的是一无所有。

N女士结婚十五年，两个人一起创业十年，有了一双儿女和不错的家业。两年前，老公出轨，经常晚上不回家。N女士用尽了各种方法，依然无法让老公回头。很多人劝N女士离婚算了，但是N女士一直咽不下这口气，她不甘心自己多年经营的家就这样散了，打拼了十年的家业拱手让给别人，不甘心自己一对可爱的儿女从此分离。她心里苦不堪言，天天以泪洗面，最后查出得了乳腺癌，幸亏是早期，做了手术。她知道自己不能这样下去了，所以前来心理求助。

两个痛苦的女人，遇到了两个让她们伤透心的男人。每个女人都会说"我还爱他"，真的是爱吗？其实，爱早已经被失望一点点啃噬掉了，一直支撑

她们长期痛苦缠磨的就是"不甘心"——不甘心自己多年的付出，不甘心自己退出让对方快活……可是，不甘心的背后，是女人脆弱的内心，对自己的不自信，对前途未知的迷茫恐惧，她们不知道离开这个熟悉的境地自己是否能适应，是否能比现在过得好，所以宁愿躲在熟悉的环境中，靠回忆过去的"美好"、靠想象未来给自己虚幻的希望。虽痛苦，但安全。

但是，痛苦就是痛苦，无限的痛苦会摧毁一个人的坚持。经过一段时间的疏导，她们终于放下自己的不甘心，真正接受现实，面对问题，放下过去，勇敢自信地面对自己未来的生活。

半年之后，几位来访者相继传来喜讯，她们各自找到了自己心仪的另一半。

很多时候，我们一直以为我们爱的那个人，其实那是爱着当初投入感情的自己，爱着当初被爱的那种感觉，爱着自己虚构的美好。

其实，谁离了谁都可以活得很好，只是我们需要勇气，因为错过了谁，只是为了遇见谁。

❽ 藕断丝连是最不值得的爱情

　　S女生与结婚八年的老公离婚了。原因是老公这几年有钱了，开始在外面找女人。经过一年多的争吵打骂，两个人终于领了离婚证。可是，因为孩子还小，老公提出让S女士离婚不离家，舍不得孩子的S女士同意了。

　　离婚证在手，并没有让S女士的痛苦减少，前夫可以明目张胆地在外面过夜，领女人回家。可是，前夫看到S女士接陌生电话，就会阴阳怪气：我就说吧，早就耐不住寂寞了！不行啊，孩子就让我爸妈看着吧……

　　S女士气到不行：明明已经离婚了，凭什么你可以放火，我连点灯都不行？

　　离婚不离家，没有了法律保护的关系，弱势的一方就会成为免费的保姆，而且会被对方用孩子、赶出家门等方式牢牢控制。

　　离婚证，只是法律上的断绝关系，如果心理上没有真正分离，还抱着一丝渺茫的希望，很容易被对方利用和控制，慢慢失去自我，失去自己的尊严。

　　在很多亲密关系中，很多情侣会分分合合，这是因为他们都太害怕失去，当感觉对方真的要离开自己的时候，会用"我还爱着"的借口自欺欺人，想办法把对方找回来，然后相互捆绑、折磨，最后两败俱伤，身心俱疲。

藕断丝连，是给自己心理上设置了一个"备胎"——我不太需要你了，但是也不想放弃，实在找不到合适的，我就和你凑合过。

多好的如意算盘，然而我们愿意成为别人算盘上的一颗算珠吗？